人生處世哲理書

厚黑學法則

林郁 主編

前言 PREFACE

如果要按照世間的常理來行事，那麼「光」的背後一定是「影」。可是對複雜的現代社會事物而言，光的背後卻不一定是影，它可能是一幅畫、一面鏡子，亦或是一盞燈。因此，老是以常理來判斷事物的思考模式，其實是過時了，這種腦子，有必要重新去審視一番了。

到如今，我們都知道「厚黑」的妙用無窮了。可人們乍見「厚黑」兩字，心裡總是會疙疙瘩瘩的，好像見著了怪獸一般；看見《厚黑學》，便不自覺地以為它是教人學「見不得陽光」之本事的學問，想看又不敢大大方方的看。

其實，大可不必如此。厚黑本性人人皆有，在一個人的一生中，都可能或多或少，自覺不自覺地展露其威力。從立身行世的角度來看，若能懷揣一本《厚黑學》，時而習之，思之，用之，便可行遍天下無憂無險，進而心想事成。

李宗吾透析了幾千年中國歷史上王侯將相成功與失敗的案例之後，用「厚黑」兩個字概括了所有成敗的內在本質。在這個世上，要立而不倒，行而不滯，不論是講積極心態、堅定信念，提高自身的各種素質，培養果決的行動能力，還是講究精誠團結，善於把握良機，歸根到底，都要了解厚黑學法則。

《厚黑學》是一部積極的立身行世指導書。李宗吾總結歷史後，坦誠地指出：用厚黑追求公利的人，即便他們公而忘私，最後都是公私皆利；用厚黑追求私利的人，即使一時得意，也不過得了一些小利小惠，最終大多失掉了一切。為此，他堅決反對避世、逃世、厭世等消極的立身態度，提倡人應該充分發揮自己的厚黑本能，勇敢面對紛繁複雜、變幻莫測的人情世故。

面對人間百態，要始終保持平和、向上的心態；面對挫折和屈辱，要展現大無畏的氣概。立身行世，保持一種積極向上的心態是成功的關鍵。面對挫折和屈辱，要具有寬廣的心胸、遠大的抱負、頑強的鬥志。一個人的生命只有一次，機會可以在奮鬥中不斷發現，保持積極的心態是應對世事滄桑的最好策略。

一個人若想有大作為，就要具有嘗盡世間酸甜苦辣的膽魄，不管人情冷暖、世態炎涼，都要始終保持自己的本色。認準的事，儘管放開手腳去做，不必在乎他人的冷嘲熱諷和背地使鬼。

行厚黑要講究策略，做到厚中有黑，黑中有厚，厚黑相生，如此循環往復。立身行世，要懂得圓滑、靈敏。在生存競爭日益激烈，人際關係日益複雜的社會，處理各種事情，不能都採用直來直去的方式。要善於隱瞞自己的企圖，引開對手的注意，麻痹對手的警惕性，積蓄自己的實力，以達出奇不意的效果。

這是一部非常實用的人生哲理書，可以供現今仍在社會上徘徊，不知何去何從，挫折之後苦悶不堪，面對世間的困難畏縮不前，面對成敗，不知如何抉擇，陷於仁義道德之漩渦不能自拔的各方人士，以及有抱負、有追求的大志大勇者共覽，以造福社會黎庶，蔭福自己的子孫！

最後，如果你要以厚黑的眼光來看這本書，你就錯了！

因為，你讀的不是厚黑，是人性。是一部可以讓你終身受用的人生處世哲理書。

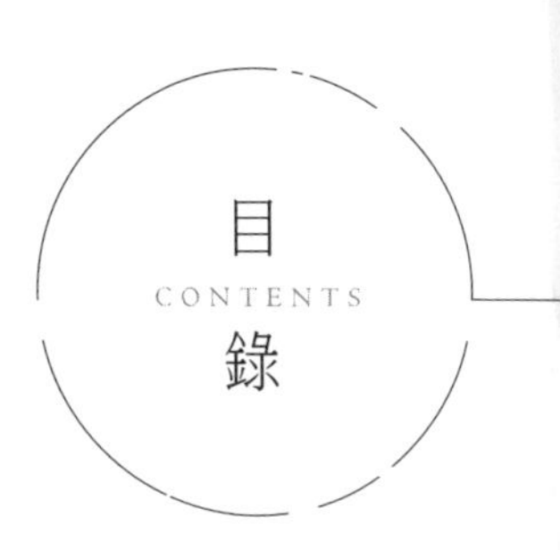

目錄

前言 005

ch.1 順時應勢，見異思遷

1 把各種打擊當作前進的階梯 014
2 人際關係首先要讓別人喜歡你 018
3 劉邦開「空頭支票」也管用 021
4 打工女皇吳士宏的啟示 024
5 識時務，還要順著時勢 029
6 約翰摩根的狼道 034
7 學習水的柔性，能行百谷 038
8 要用人所長，就要容其所短 041
9 在人前不要把心思淘空 045
10 弱點也可以變成強項 047
11 適當暴露小毛病，反而可以贏得大信任 049
12 成功的男人，背後都有一個好女人 051

ch.2 順逆之間，寵辱不驚

1 堅持到最後一秒鐘 056
2 別做能照透他人靈魂的鏡子 062
3 不懂得放棄，就不會有得 065
4 給別人喜歡的，才能得到自己想要的 069

5 謙恭的勝利者和高傲的失敗者 072
6 以平常心對待榮辱禍福 076
7 做個永遠的不會放棄的人 079
8 忍得住就能堅守自己的一片天 088
9 英國第一個女首相柴契爾夫人 086
10 壽險大王原一平的軼事 089
11 謀殺卡斯楚的計劃 084
12 知進退之道得保全百年身 099

ch.3 世事難料，建構思維

1 傑克．威爾奇的領導策略 104
2 要懂得「委曲求全」的真諦 107
3 別為自己挖情緒的陷阱 112
4 學會對症下藥，不必事事躬親 118
5 當斷則斷，免生遺憾 121
6 過河拆橋，古今皆然 124
7 別養吃人的狼在身邊 127
8 多一事不如少一事 131
9 司馬光與太皇太后合演「補鍋戲」 136
10 可以讓人抬著，何必自己走 142
11 每個人都有自己的天份 146
12 放長線可釣大魚 151

ch.4 剛柔並濟，恩怨分明

1 失去戒心的對手最好打 156
2 人急燒香，狗急跳牆 161
3 要看到地平線以下的機會 164
4 心無所懼，才能行動果斷 166
5 順水推舟，反咬一口 170
6 敢於丟面子，才會有面子 174

7 寧得罪君子，勿得罪小人 177
8 難得糊塗，不妨來個得過且過 180
9 以面厚心黑作為世俗的盾牌 184
10 換個思維方式會更好 187
11 走別人不願走，不敢走的路 192
12 水漲船高，是友非敵 195

ch.5 三分仁義，七分厚黑

1 逢人只說三分話 202
2 拍馬不驚馬才是真工夫 207
3 感情投資，本小利大 211
4 說好人鬼話，小罵大幫忙 214
5 不該說的絕不能出口 219
6 設身處地，善解人意 226
7 別把自己的目的說出來 229
8 別把心思寫在臉上 233
9 當眾擁抱你的敵人，你就沒有了敵人 235
10 不妨披張「羊皮」 238
11 樹威立信造聲勢 242
12 把招牌做大，並高高掛起 245

ch.6 得人心者，得天下

1 騙人一時，不能騙人一世 250
2 識大局、知大體，才能和氣生財 253
3 發揮「厚黑救國」的威力 257
4 為了公利，可以大行厚黑 261
5 厚黑雖然「卑鄙」，卻是最有效的武器 263

6 需要就是合法，利用對手的欲望做文章 267
7 為了大局，不能做情感的奴隸 269
8 給人好處自己也能得便宜 274
9 不是每面大旗都能拉作虎皮 277
10 臉譜固然可愛，但過於呆板 279
11 寬厚待人，才能得人 282
12 把寬大的基礎打好，才有頂尖的輝煌 284

ch.1

順時應勢，見異思遷

1 把各種打擊當作前進的階梯

李宗吾說：「喜怒哀樂皆不發謂之厚。」這種人城府深，給人一種高深莫測的感覺。即使身處險境，或面對對手的脅迫，你也無法從他的臉上看出什麼想法來。即使有人狠狠打了他兩耳光，他也不會有些許反應顯在臉上。這樣的人做事一般都經過深思熟慮，很有主見和眼光，所以成功率特別高。面對別人的打擊，身處劣勢時，他們總能展現超常的忍耐力，並且善於從中找到機會。

林肯年輕時曾受過某些人的輕慢，這件事卻幫他成就了後來的偉大事業。那時，他還是一個律師，因為一個非常重要的案件，到了芝加哥。但是，那裡沒有人理會他。那些年老有成的律師看不起這初出茅廬的小夥子。他們自以為地位很高，把林肯完全拋在一邊——無論到什麼地方，總是不願和他同在一起，也不和他一起吃飯。

面對這種情況，林肯怎麼回應呢？他是否把屁股翹得比批評他的那些人更高，以此報復他們？沒有。他不動聲色地完成了自己的工作。回到斯普林菲爾德之後，他還自我檢討：「我到了芝加哥，才知道我自己所懂得的是那麼少，要學的東西是那麼多！」芝加哥人的輕慢對他來說，是一種刺激，促使他更進一步。

後來，經過不懈的努力，他逐漸取得了成果，而那些輕慢過他的人還是一無長進。待他成為美國大總統，那些律師還是些無名的律師。他們的輕慢成為林肯奮發的梯子，使他爬到了榮譽的頂峰。

在經濟競爭中，面對競爭對手咄咄逼人的氣勢或不屑一顧的態度，就要充分施展厚黑術，像林肯那樣，不僅不能被打倒，而且要踩著這些對手的肩膀往上走。

追求女性也一樣。俗話說：「男人不壞，女人不愛。」面對「面厚」的追求者，許多女人總免不了被「俘虜」。那些表面高傲的女性，心裡最想得到別人的稱讚，以滿足自己的虛榮心。如果這時你臉皮厚一點，順水行船，多誇讚她幾句，馬上就能讓她對你產生好感。即使被拒絕了，甚至遭橫眉冷對，只要你不氣餒，不斷地施以厚黑，保證最後必能抱得美人歸。

李宗吾曾專門論述怕老婆哲學，很令人耳目一新。今日社會，說是男女平等，「妻管嚴」的人仍被大多數人嗤之以鼻。李大師卻盛讚怕老婆的男人。其實老婆的打擊更能激勵男人呢！

宋朝的陳季常就是頂頂有名的怕老婆之人。「河東獅吼」的故事流傳千古，說的就是他。蘇東坡曾專門寫詩讚他怕老婆的狀態：「忽聞河東獅子吼，拄杖落手心茫然。」這個陳季常並非等閒之輩，是有名的高人逸士。那他在家裡的地位如何呢？還是看蘇東坡的描述吧：「環堵蕭然，妻子奴婢皆有自得之意。」

隋文帝統一了南北朝，卻極怕老婆。據記載，有一天，獨孤皇后因故發怒。隋文帝怕極了，在山中躲了兩天。待大臣楊素等把獨孤皇后安撫好了，文帝才敢回家。《怕經》中說：隋文帝「怕妻如鼠，見敵如虎。」

隋末天下大亂，唐太宗掃滅群雄，平一海內，創下貞觀之治。太宗的重要謀臣房玄齡也是一個怕老婆的人。他因為常受夫人壓迫，苦惱不堪，無法解脫。不得已，他想借天子的威嚴，制伏自己的夫人。於是，他向太宗訴苦。太宗說：「你帶她來，朕好好開導她！」哪知，等房夫人到了面前，幾句話就將太宗說得啞口無言。太宗私下對房玄齡說：「令夫人，朕見了都怕，你以後好好地服從她的命令就是了。」

太宗怕臣子的老婆，也算千古一絕，卻正印證了他真不愧是一代明君。

東晉名相王導，在朝廷中威望最高，獲得天子九錫之寵。有一天，他手執麈尾，坐在朋友們中間聊天。談興正濃時，下人來報告：「王夫人到！」他連忙跳上犢車就跑，好不狼狽。

還有一個謝安，也極懼內。苻堅以百萬之師伐晉，謝安運籌帷幄，狀若無事，與下屬弈棋，不動聲色，把苻堅殺得大敗。史載：謝安的夫人，把周公制定的禮改了，拿來約束自己的丈夫。謝安在夫人手下受過嚴格的訓練，養成泰山崩於前而色不變的修為，苻堅怎麼可能是他的敵手呢？

李宗吾總結古今怕老婆的男人歷史，發現大人物往往都是怕老婆的，由此推導出「怕老婆哲學」。

他說：「君子做事，看上去沒有痕跡，聽不到聲音。到了老婆的房間，恭恭敬敬，不讓坐就不敢坐，不讓走就不敢走。妻子悲傷，跟著悲傷；妻子高興，跟著高興。對國家不忠不怕，對朋友不誠心不怕，上戰場不勇敢不怕，但一舉足不敢忘了妻子，一說話也不敢忘了妻子。想做好事，給妻子留個好名聲，就去做。欲做惡事，想到將使妻子蒙羞，就不敢去做。妻子是丈夫終身的依靠。身體髮膚，屬於妻子，不敢傷毀，這是怕的開始。立身行世，揚名於天下，讓妻子也顯貴，這是怕的成果。」

天下為人丈夫者都應該讀讀李宗吾的《厚黑學》。有「妻管嚴」的丈夫不必為自己的懼內感到見不得人，而應該自豪。沒有「妻管嚴」的丈夫則不可沾沾自喜，應該反思一下，自己立身行世的敗筆是否與不怕老婆有關！

2 人際關係首先要讓別人喜歡你

有些人事業很成功，能力看來卻很一般，看不出有什麼過人之處。殊不知，他那始終掛在臉上的迷人微笑，正是他的過人之處。

行使厚黑，最直接的效果就是讓人家喜歡你。人家喜歡你，才可能讓你靠。

有一個女孩，臉型不對稱，長著一雙小眼睛，嘴巴很大，身材也不怎麼樣。一般女孩有這樣的外貌，多半會變得孤僻、憂鬱、悲觀，與人難以相處。但是，這女孩意識到自己不能靠難看的容貌和身材贏得人們的歡心，就開始在性格、脾氣上下功夫，最終完全克服了因身體上的缺陷所導致的心理障礙。她很自愛，也沒有人因她的相貌而排斥她。當她與你說話時，你會為之傾倒。她身上有一種說不清的東西在打動著你。這樣的氣質比美貌更吸引人，它是友好心境的自然流露。

這是一種真正的美，它發自內心深處，它的價值無法計算。

有一位替西奧多·羅斯福作傳的人說：「羅斯福有一種人人見了便喜歡的特質。他的語言是抒情式的，不太準確，很直白，但非常滑稽、幽默，常引人發笑。他很容易與人相處。」

有一次，羅斯福從西部演說回來，在華盛頓和威廉．麥金萊相處了一個早晨。當天晚上，他說：「今天早晨我和麥金萊談了兩個鐘頭。我相信，他非常喜歡我。」

夫人笑著回他：「你確實有一種魔力！那就是你無論面對什麼人，只要談5分鐘的話，就能使他喜歡你。」

羅斯福說：「是啊！我相信，凡是和我談了5分鐘話的人，我也沒有理由不喜歡他呀！」

這句話可以說，已道出了一個人之所以可愛的祕訣——

如果你想引人喜愛，首先你就必須真心去喜歡別人。

某次，有一個牙醫憤憤不平地說，在同一城市，有一個比他年輕的牙醫，經驗醫術都沒他好，卻能贏得許多有錢的客戶，得到他們的信任，生意超過了他。

他的對手總是和那些老太太談論足球、電影，以及一些無聊的話。他則和他的顧客談論牙科的理論，以及填補牙洞最有效的方法。他認為，一個人既然來治療牙齒，診牙便是這個人最注意的事。因此，他覺得應當和求診者談論牙科，以顯示自己的能耐。為什麼那個青年牙醫把他的生意都搶走了？

原因是：那年輕的牙醫真心喜歡他的病人。他喜歡他們的個性，而不是只對他們牙齒上的洞洞感興趣。反之，這位年長的醫生面對他的病人，除了他們敗壞的牙齒之外，對他們毫不關心。就這樣，不知不覺間，病人對他也就冷淡以對。

這個年長的醫生具有一種根本錯誤的思維：他以為，要表現自己的個性，只須從衣服、禮貌、學識或才幹方面改進就夠了。當然，這些都不可或缺。但是，要用得恰當。假如你用它們炫耀自己，使別人妒忌或不舒服，那你個人反倒會被它們損傷。

那麼，這失敗的牙醫該如何改變這種狀況呢？解決之道是：「無論什麼病人到診所來，你都應當設法使他從這次的接洽中得到快樂。補牙時免不了使他疼痛，你就得使他覺得你已經儘量做得很小心，使他相信你的技術無可挑剔。」

如果你能喜歡別人，你的行動能讓別人感受到愉快，就說明你已養成了一種可愛的特性。要使你自己變得更可愛，繫於你喜歡別人的能力如何。

你想養成一種可愛的性格，就要多與人交往。你不能一個人孤獨生活，還強求別人喜歡你。你要喜歡別人，就要去仔細研究他們、觀察他們，對他們的興趣、嗜好、希望、懼怕等等，都要瞭若指掌，而且對這些因素都應當表現出很重視的樣子。

攀附權貴，有兩種好處：一、可使自己從低處升到高處。這樣做，既省力，又省時。二、可得到強有力的保護傘遮護。

3 劉邦開「空頭支票」也管用

婚姻可作為一種政治手段，以謀求兩家同富貴、共繁榮。在封建社會，有頭有臉的人家都講究「門當戶對」。當年生活在下層社會的劉邦對此當然心知肚明。

沛縣縣令有個好朋友呂公在家鄉結了仇，為逃避報復，帶著全家前來投靠。縣衙內的官吏和社會名流聽說縣令家來了貴客，紛紛趕來探訪。

縣令讓下屬蕭何操辦接待來賓的事宜。因為前來送禮的人太多，開辦宴會的堂屋又不算太大，一時擠進這麼多人，顯得有些吃緊，蕭何只好安排賀錢超過一千貫的人坐在堂內，一千貫以下的在堂外就座。

劉邦自然不願放棄這一巴結縣令的良機。他雖出不起錢，但他和縣衙內的那幫官吏已混得很熟，認定他們不會因他交不起錢，將他拒於門外。所以，他不動聲色，邁步上前，提筆就在禮單上寫下「賀萬錢」三字。

呂公聽聞此事，大吃一驚，以為來了貴客，親自到門口迎接，將劉邦引到內室。劉邦也不客氣，徑直坐到上座。他的這番舉動，首先得罪了薦他去當亭長的蕭何。蕭何抱怨道：「劉邦愛吹牛、說大話的毛病啥時都改不掉，現在又來了。」大家對劉邦雖有微詞，但那位呂公會些相術，一見劉邦，就覺得他相貌不凡，因此，並不計較他是否真能拿出一萬錢，對他十分禮敬。

待酒宴快要結束，呂公示意劉邦宴後留下。劉邦當然不放過這個機會。酒宴結束後，呂公和劉邦觸膝交談，越談越覺得劉邦是個不可多得的人才。他說：「我從小鑽研相術，觀察了不少人，從沒有見過你這樣尊貴的相貌。希望你好生努力，前程無可限量。如你不棄，我有一女，願許配你為妻。」

真是踏破鐵鞋無覓處，得來全不費工夫。已年屆而立的劉邦大齡未娶，聽後自然大喜過望，豈有不願之理。

不料，呂公將他的決定告訴夫人，夫人直稱荒唐，生氣地對他說：「你一直認為女兒與眾不同，是個富貴相，一心要讓她嫁個貴人。縣令主動求婚，你還沒答應，怎麼稀裡糊塗，把女兒嫁給那個無賴？」

呂公見無法解釋，就專斷地說：「婦道人家，哪懂得箇中緣由！」他不顧夫人的反對，毅然把女兒嫁給了劉邦。

呂公之所以做出這樣的決定，當然不是一時衝動。他很有眼光，看出劉邦絕非泛泛之輩的池中物。

劉邦在酒宴上表現得從容大度、不卑不亢，其他人似也不以為忤，顯見他必有一定的勢力。呂公初到，雖不願張揚，但肯定已暗中打聽縣內有哪些不凡人物，從而得悉劉邦在沛縣具有一定的影響，只是無業無錢。另一方面，相術之說儘管未必可信，但一個人懦弱或凌銳，總看得出來。劉邦的內在氣質、精神狀態、健康狀況，自然會通過他的神情、言語、動作表現出來。呂公閱歷豐富，劉邦有沒有成才的條件，他當然不至於看走了眼。

劉邦本意是要結交一個重量級的後盾，沒想到呂公竟會將女兒嫁給自己。意外的收穫，大大提高了他在當地社會的聲望和知名度，使其成為風雲人物。這是劉邦的面厚之舉在婚姻關係上發揮的特殊威力！

4 打工女皇吳士宏的啟示

剛走進社會的年輕人，最怕的是「丟面子」。近年大學生因學習成績不好或愛情受挫等「丟面子」的事而自殺的越來越多。如果這些年輕人能主動請教一下厚黑高人，斷不會發生此類悲劇。面厚心黑雖是人天生具有，但在成長過程中，因受到傳統觀念的影響，會蒙上許多亮麗的外衣，使一個人變得經不起風吹雨打。若想達到「任爾東西南北風」的境界，就必須恢復厚黑的本來面目，即按照厚黑學的方法，在厚的功夫上不斷磨練增厚，在黑的功夫上不斷洗去講因果、講理學、講仁義道德等束縛自己的「外皮」，展露出黑的本色。

一個人若處在社會底層，應該如何應對別人的輕侮，開創自己的新生活呢？吳士宏面對困境，下了這樣的決心：「別趾高氣揚！總有一天，我要超過你！」

吳士宏曾任ＩＢＭ（中國）公司的總經理，其風光和榮耀令人矚目。那她當初是怎樣進入ＩＢＭ公司？又是如何成功的？

20世紀80年代初，吳士宏還是一名普普通通的護士。一九九五年，她決定到Ｉ

BM應聘。當時，IBM的招聘地點在長城飯店。這是一家五星級的飯店——那時候的五星級飯店可不像今天這樣沒有「地位」，因為現在的五星級飯店多了。試想，當年的吳士宏，一個連溫飽都還沒有完全解決的護士，來到長城飯店這樣的五星級飯店門口，心情會怎麼樣？

她回憶說，在長城飯店門口，她足足徘徊了五分鐘，呆呆地看著那些各種膚色的人從容地邁上臺階，一點也不生疏地走進去。她之所以徘徊了五分鐘不敢進去，就是因為她的內心深處無法丈量自己與那道門之間的距離。

經過一番思考，她最後當然進去了，否則就沒有今天的吳士宏了。她是怎樣突破這個障礙呢？之前，她憑著一台收音機，花了一年半時間學完了「許國璋英語」三年的課程。就憑著這個經歷，她也應該進去。她不就是為了這一天嗎？

吳士宏鼓足了勇氣，邁著穩健的步伐，穿過威嚴的旋轉門，回應內心的召喚，走進了世界最大的資訊產業IBM公司的北京辦事處。她的確是個人才，順利通過了兩輪筆試和一輪口試。最後到了主考官面前，眼看就要大功告成了。

俗話說：閻王好見，小鬼難纏。現在已經見到了閻王，她好像什麼也不怕了。

主考官沒有提什麼太難的問題，只是隨口問道：「你會不會打字？」

吳士宏本來不會打字，但本能告訴她，到了這個地步，還有什麼不會的呢？她點點頭，簡捷地答道：「會！」

「一分鐘可以打多少個字？」

「您的要求是多少？」

「每分鐘120字。」

吳士宏不經意地環視了一下四周。考場裡沒有發現一台打字機。她馬上回答：「沒問題！」

主考官說：「好！下次再加試打字！」

她就這樣過五關斬六將，順利地通過了主考官的眼睛。

實際上，吳士宏從來沒有摸過打字機。面試結束，她就飛快地跑去找一個朋友，借了一百七十元錢，買了一台打字機，然後沒日沒夜地練了一個星期，居然達到專業打字員的水平。

吳士宏被錄取了，因為ＩＢＭ公司「忘記」考她的打字水平。而這一百七十元，她好幾個月才還清。

吳士宏成了這家世界著名企業的一名普通員工，可是她扮演的不是白領，而是一個卑微的角色，主要工作是泡茶倒水，打掃衛生。用她自己的話說：「完全是腦袋以下的肢體勞動。」她為此感到很自卑，把觸摸到傳真機視為一種奢望。她所感到的安慰就是自己能夠在一個可以解決溫飽又安全的地方做事。

可是，身為一位服務人員，這種心理平衡很快就被打破了。一天，吳士宏推著平板車買辦公用品回來。門衛把她攔在大門口，故意要求檢查外企工作證。她沒有外企工作證，於是在大門口僵持了起來。進進出出的人就像看大街上耍猴的那樣，個個都投來異樣的目光。身為一位女性，吳士宏的內心充滿屈辱，充滿無奈。可是，這份工作得來不易，她不敢發泄出來，只是咬著牙暗裡尋思：「我不能這樣下去！」

還有一次，在她的內心深處留下更深的印象。

有個女職員，來自香港，資格很老，動不動就喜歡指使人為她辦事。吳士宏就是她的主要指使對象。

一天，這位女士叫著吳士宏的英文名字說：「Juliet，如果您想喝咖啡，就請告訴我！」

吳士宏聽到了，卻丈二金剛——摸不著頭。

這位女士繼續說：「如果你要喝我的咖啡，每次都麻煩你把杯子蓋蓋好了。」

吳士宏本來是一個很會忍氣吞聲的人，這一次，她那屬於女性的溫柔全都不見了，因為她認為那女人把自己當成偷喝咖啡的小毛賊，是一種人格上的侮辱。她頓時渾身戰慄，就像一頭憤怒的獅子，把埋在內心的滿腔怒火全部發泄出來。

她下定決定：有朝一日，我要管理公司裡的任何一個人，不管他是外國人還是香港人！甘願自卑，就只能沈淪；不肯自卑，就會產生無窮的推動力。吳士宏每天除了工作，就是學習，尋找自己的最佳出路。

最終，同時進入ＩＢＭ公司的同事中，她第一個做了業務代表；她第一批成為本土經理；她成為第一批赴美國本部進行戰略研究的人；她第一個成為ＩＢＭ華南地區總經理，並且登上ＩＢＭ（中國）公司總經理的寶座。

吳士宏為什麼成功？我們不知道。我們只知道她從來沒有真正害怕過什麼，即使原本不會的也是這樣。

5 識時務，還要順著時勢

在人際交往中，「拍馬」、「奉承」和「恭維」的辦法使用率最高，效果最好。然而，還是很根據對象和環境的變化，採取不同的戰術。為了達到某種目的，對上司或擁有某種權力的人討好，說軟話，以博得對方高興，達成自己的願望，這是典型的面厚術。但是，如果招子不亮、說得不對，尤其是觸到了對方的心病，即使再好的舊友，也可能成為冤家對頭。

朱元璋出身寒微，曾經窮得討飯，與一些窮朋友在長滿蘆花的野地裡餐風露宿，用瓦罐煨煮偷盜的東西吃……那偷來的紅辣椒像紅孩兒一樣可愛，與同樣是偷來的各類菜蔬煮在一起，填飽了大夥兒的肚子……這些事自然是盡人皆知，按說根本算不得什麼隱私。但是，自從他當上了皇帝，他的寒微出身便成了他的「短處」與「痛處」，可是碰不得的啊！碰他這些往事，比挖他的祖墳還令他惱火。

朱元璋兒時有個要好的朋友，名叫方不圓。他聽說朱元璋做了皇帝，就想去要個一官半職，風光一下。見到了朱元璋，他先就大大奉承了一番：「皇上，草民聽說皇恩大如天，澤被天下黎庶，來京之後一看，果然不差。人都說，背靠大樹好乘涼。草民叩請皇上給個一官半職，讓草民有一碗飯吃。草民深信皇上不會讓一個兒時的朋友失望的！」

朱元璋其實已經認出這個兒時好友，卻故意面帶驚詫，問道：「你是誰呀？」

方不圓回道：「皇上怎麼不記得了？我是方不圓啊！咱倆從小在鳳陽一起長大，光著屁股一塊玩，你幹了壞事，全由我替你挨打。有一次，我們倆偷了豆子，背著大人，用破瓦罐煮來吃。豆子還沒煮熟，你就要端去吃。我不肯，你就搶，結果破瓦罐打爛了，豆子撒滿了一地。豆子的主人家發現了，追來打人。你飛快跑開了，我被人家抓住，挨了一頓好打。怎麼，皇上一點也不記得這事了嗎？」

方不圓把這段兒時的惡作劇說得十分詳盡、具體，心想，這定然能喚取朱元璋的記憶，得到封賞。誰知，他的一番告白已犯了「為尊者諱」的大忌。

朱元璋龍顏大怒，吼道：「大膽刁民，竟敢編了故事來騙朕！朕兒時哪有這些不光彩的事？來人啊，推出去斬了！」

方不圓喊著朱元璋的兒時小名，破口罵道：「朱老四，你耍什麼威風！別看你現在成了皇帝，你從小當混混、當乞丐、當和尚的事別想瞞過世人！你不過是個小流氓出身的皇帝……」

殿前武士將他的嘴巴塞住了。沒過多久，他便被斬首，枉送了一條命。

這個只「方」不「圓」的人之所以喪命，就是他不懂得隨機應變，觸犯了「為尊者諱」的道理。他本以為細數朱元璋的兒時趣事，可以得到朱元璋的歡心。殊不知，這是揭了朱元璋的「短」，焉得不命喪黃泉。

俗話說：「一朝天子一朝臣。」身為舊臣，決不能要求新天子適應自己，照搬老一套辦法，運用老一套思維。必須與時俱進，才不致被新天子淘汰。

張廷玉，字衡臣，清朝安徽桐城人，康熙年中進士，在康熙王朝登上了內閣學士的位置。到了雍正登基，更是大得雍正青睞，先後當過禮部尚書和兵部尚書，進保和殿大學士，職同宰相。雍正是個短命皇帝，在位只有短短十三年。張廷玉在雍正的兒子乾隆朝當上內閣大學士……他前後為官五十年，居首屈一指的丞相席位達二十四年，是個真正的三朝宰相……卒年八十四歲，富貴壽考，為清代之最。那麼，他怎樣適應「一朝天子一朝臣」的巨大變化呢？

歸根結柢一句話：「改變自我，適應君王。」

且讓我們看看張廷玉是怎樣適應君王的不同愛好。

在整個清朝中，康熙可算得上是一個英主。他在位六十年，文治武功，都成就非凡。從康熙十三年至四十六年止，康熙前前後後六次巡幸江南。巡幸時，他勤於公事，不講排場，主要是為了考察河道的整修情況，以及江南的吏治民情。康熙巡幸江南的開銷，所需費用及物品，大多數出自內務府。每次巡幸所帶的隨從人員，只有二三百人而已。

張廷玉參加了康熙六次南巡中的後三次，幾乎每次都由他起草有關文告。原因很簡單，他從生活習慣上，差不多舉康熙完全一致。康熙覺得「衡臣對心思」，所以總是命他起草相關的旨令……他也就不遺餘力，完全按照康熙的生活準則，嚴格禁止地方官員布置豪華的供應，要求他們以勤政愛民的具體政績回報康熙的進用。

為此，他自然把張廷玉視作心腹近臣。

康熙一死，雍正繼位。雍正是一個十分古怪的人，脾氣暴躁，手段狠辣，不苟言笑，迴避聲色之娛。許多臣子對雍正的這套作風不習慣。張廷玉卻說：「天子就是天子！你不能要求天子學臣工，只能要求臣工去適應天子。」

在這方面，張廷玉頗費了不少心思。他詳加分析雍正的特殊愛好，然後順其所好，辦理國政。

雍正嗜好鼻煙，欽定鼻煙壺式樣；欣賞眼鏡，用於獎勵臣工；玩狗成癡，頻製狗衣；事必躬親，工而不厭……張廷玉按照雍正的喜好，貢獻自己的心力；收集各種煙壺，獻給雍正定奪……準備各式各樣的眼鏡，供雍正選擇，獎賞臣工……總之，雍正愛好什麼，張廷玉就搜集和貢獻什麼，當然大得雍正青睞。

到了乾隆王朝，皇上的興趣、愛好自然又有所不同。乾隆也學他祖父康熙的老樣，他在位六十年內，多次巡遊江南，時間是從乾隆十六年至四十九年之間。

乾隆很愛鋪張，講究豪華，使沿途之官府大事勒索，百姓怨聲載道。他的隨從人員二三千人。地方官接待聖駕，怠慢不得半點。張廷玉看出了乾隆崇尚奢華的弱點，於是以「年老」為由，拒絕與他同去江南遊幸。

乾隆六下江南巡遊，總花銷達二千多萬兩銀子。這無疑給朝廷財政增加了許多負擔，更給沿途百姓造成了許多危害。

張廷玉趕上了乾隆六次遊江南的前三次，但他一次也未參加，與其他許多大臣千方百計想跟遊一次江南大不相同。他身為「三朝元老」，總是迅速改變自己的愛好以適應新君的興趣，卻又能有所為、有所不為，可算得上是一代名臣了。

從這件事情聯想到今天的商界，當事者所要做的事，無非也是八個字：改變自己，適應「天子」。這裡的「天子」，指的當然是你的上司或顧客了。

6 約翰摩根的狼道

美國華爾街金融大鱷——摩根財團的老祖宗老摩根當年從歐洲飄泊到美國時，窮得只剩下一條褲子。不久，夫妻倆好不容易開了一家小雜貨店。據說，當時雜貨店賣的雞蛋，老摩根由於手指粗大，就讓他的老婆用纖細的小手拾掇。這樣，本來不大的雞蛋被摩根太太纖細的小手一襯托，居然顯得大了不少，老摩根的雜貨店由此招來了不少雞蛋生意。

如果說當年老摩根利用人的視覺誤差，巧妙地滿足了顧客的心理需求，只能算是小厚小黑，那麼，其後代約翰·摩根（一八三七～一九一三）竟然利用美國政府的困難，逼其就範，真是將面厚心黑推到了極致的頂點。

一八七三年，美國經濟危機期間，幾乎每小時都有企業宣布破產的消息。費城的著名投資銀行傑伊·庫克公司也永遠關上了大門。庫克因在南北戰爭期間幫政府出售國庫券而名聲大振，是投資銀行家中的佼佼者。他的破產在當時的商業界不啻是一個晴天霹靂，引起巨大的震動。後來的事實證明，即便當時他能渡過危機，但因其力量早已衰微，也難以應付日後摩根的挑戰。

摩根在國內外出售證券的能力舉世無雙。達布尼－摩根公司和倫敦的摩根公司、巴林兄弟公司，費城的安東尼．德雷克塞爾，紐約的利瓦伊莫頓及其他幾位大銀行家聯合，所形成的勢力，使他得以在一八七一年從庫克手中奪過價值2億美元的國庫券，並把其中的大部分出售給外國投資者；一八七三年上半年，摩根及其合夥人又以同一理由，贏得33億國庫券的一半，並且處理得得心應手。而庫克在出售他那部分的國庫券時卻困難重重。這也是他破產的因素之一。在這場危機中，摩根公司成為美國實力最雄厚的投資銀行，控制了美國政府的債券市場，並持續向歐洲拋出優惠證券。

一八八四年的金融危機又進一步鞏固了摩根的地位。從這時起直到一九一三年去世，他一直是美國銀行業最具影響力的人物。

自一八八四年11月金融危機以後，美國財政部的黃金開始大量外流，市場上掀起了搶購黃金的狂潮。當時有個謠言很快傳遍了華爾街，說美國政府不得不放棄以黃金支付貨幣的做法。雖然格羅弗．克利夫蘭總統擔保這不是事實，用拋售美國證券換回黃金的情況卻仍持續，致使國庫告急，落到幾乎無力償債的地步。

為了挽救金庫空虛帶來的經濟恐慌，就必須立即籌集到一筆鉅額資金。政府財政當局估計，至少要1億美元。摩根知道，在這股搶購黃金的風潮中，政府已到了無計可施的地步。於是，他同貝爾蒙商定，由他們兩家銀行組成一個「辛迪加」，承辦黃金公債。這樣，他們既可挽救政府的財政危機，又可獲得高額利潤。但因他們的條件太苛刻，美國國會沒有通過這個建議，總統也難以接受。

當時的財政部長卡利史爾計劃發行一千萬美元的公債，其餘半數委託美國國內銀行籌款。由於正值恐慌之際，各家銀行自顧不暇，這位財政部長的呼籲便被理所當然地束諸高閣了。於是，他又使出苦肉計，以超出面額的117點公開募集五千萬美元公債。這一招打破了金融界的慣例，也欺騙了投資銀行，並重創和惹惱了摩根。由於摩根的操縱，當這位財政部長匆匆忙忙趕赴紐約召集銀行家尋求幫助時，竟遭到了白眼。這是因為他沒有接受摩根提出的要嘛認購全部公債，要嘛完全拒絕認購，沒有任何商量餘地的談判條件。

出於無奈，總統在白宮召見摩根，互相攤牌。當摩根瞭解到國庫存金只剩下九百萬美元時，更是堅持自己的條件，並威脅道：「現在，我手頭就有一張一千二百萬美元的支票沒有兌現。若是今天將這張支票兌現了，一切就都完了。要不要我在這裡發個電報，現在立刻匯到倫敦去？」

在這種威脅下，克利夫蘭總統不得不以去洗手間為名，與正在另一室等候的財政部長卡利史爾商量對策。結果，在走投無路的情況下，總統不得不答應摩根提出的條件，白宮在華爾街面前甘拜下風。當夜摩根即取出大量美元交給財政部，幫助財政部渡過了難關。摩根利用政府的困難，在承包的公債價格與市場差價中淨賺了一千二百萬美元。

人在處於困境時，為了盡快擺脫困境，往往特別急功近利。這樣一來，就很容易被對手所利用。摩根就是利用了美國國庫現金存款不足，陷入危機，趁火打劫，逼得總統不得不答應他的苛刻條件，從中賺了大錢。

7 學習水的柔性，能行百谷

有一副對聯這麼寫：「大肚能容，容盡天下難容之事；笑口常開，笑盡天下可笑之人。」秦朝丞相李斯也曾說：「泰山不讓土壤，故能成質大；江海不擇細流，故能就其深；王者不卻眾庶，故能明其德。」

生而為人，立身行世應該守住自己的原則，該堅持的不能讓步，該恪守的不要通融。但是，在非原則的事情上就不能過分刻板，要有包容之心、寬恕之德。有些不太高尚的事，自己可以不去做，但能容忍別人有這樣的缺點。不可過於自命清高，對羞辱、委屈、毀謗、髒汙都要容忍才行；與人相處，不可過於界限分明，好人、壞人、智者、愚者都要包容才行。

行厚黑者，必須像水一樣柔弱，能行百谷，納善惡，也必須像水一樣堅強，可以排山倒海，無堅不摧，任何人或物都不能阻擋它前進的道路。厚就是對自身的容忍，黑就是對他人、對外界的容忍。水緩緩而流時，遇到物體就繞道而行；怒號狂奔時，不管面對什麼，擋我者亡，阻我者死。避物而行和摧滅事物，現象雖不同，道理其實都一樣。

身為一個領導者，就應該具有水一樣的性格，才能夠創造共同信任的環境。信任就意味著包容和排除外來的各種干擾，釋出充分的權力，創造良好的工作條件，讓下屬充分發揮自己的才幹。既委之以事，就要有放手讓權的氣魄。

戰國時期，各國之間戰爭連年不斷。一日，上朝之時，經過多天思考，魏國國君決定派大臣樂羊率軍去攻打中山國。但因為中山國的重臣樂舒恰恰是樂羊的兒子，朝中大臣爭議不絕，均認為樂羊雖然善於布兵打仗，但這次父子對壘，恐怕樂羊不會全心全意為國效忠。

儘管朝中爭議頗多，魏文侯卻未改變主意，依然派樂羊帶兵出征。

抵達中山國，因敵人太強，樂羊決定用圍而不攻的戰略。魏文侯下令要他退兵。樂羊說：「將在外，君命有所不受。」堅持不撤兵。

一連好幾個月過去了，樂羊卻未曾動過一兵一卒。

朝中有些大臣再也忍耐不住，紛紛上書。言官戚憂趁機奏言：「樂羊有反心，他違抗君命就是鐵證。應該將他斬首！」

魏文侯說：「急什麼！再看看吧！」

戚憂見自己一個人說不動文侯，便四處串連，發動眾臣一齊上奏，參樂羊一把，將他說得簡直十惡不赦。

魏文侯仍然不為所動，將這些奏章收下，不予回應。

朝中爭議越來越激烈。文侯依舊不動聲色，反而派遣專使帶著酒食、禮品去慰問樂羊，犒勞他的軍隊。流言愈演愈烈。文侯一不做二不休，索性給樂羊建造了一座漂亮的別墅。最後，樂羊因為堅持作戰，終於按計畫攻克中山國，大獲全勝。

魏文侯非常高興，特意為樂羊舉行了一場盛大的慶功宴。那些議論過樂羊的大臣都覺得無地自容，只能稱讚魏文侯用人不疑。宴罷，文侯賞給樂羊一個密封的錢箱。他回到家中，打開一看，裡頭竟是滿滿一箱他攻打中山國時朝中大臣彈劾他的奏章。樂羊對文侯的信任感動萬分。

他這時才明白，若非魏文侯全力庇護，對他充分信任，不要說攻打中山國的任務不能完成，恐怕連他的性命也很難保住。

8 要用人所長，就要容其所短

對待人才，不能求全責備，必須用其所長，容其所短。俗語說：「金無足赤，人無完人。」連黃金都沒有「百分百」的，人就更不可能有完人了。

戰國七雄中的魏國，其先本是曾在春秋時代稱霸的晉國之家臣，後來奮發圖強，國勢大增。這與魏文侯知人善任，對臣屬不求全責備有極大的關係。

魏文侯接任魏國國君時，魏國並不強盛，百姓也很貧窮。他向全國發出了一道徵賢令，要各級官吏自告奮勇，能治好一個縣的就去當縣令，能治好一個郡的就去當郡守。徵賢令強調的只有兩條：一、一年為期，看治理的政績；二、決不求全責備，只要治理有方就行，其它小小枝節均可不予追究。

當時有一個名叫西門豹的下級官吏，穿戴不整齊，氣宇又不軒昂，前來自薦說：「卑職西門豹，可以治理好鄴郡。」鄴郡在今河南臨漳縣。

魏文侯當即準備任他為鄴郡太守。言官戚憂出面諫阻：「西門豹其貌不揚，衣冠不整，而且，聽說他脾氣暴躁，怎能治好鄴郡呢？」

文侯說：「不要求全責備吧！哪裡有十全十美的人呢？」說完，他馬上頒了一道任命書，讓西門豹去當鄴郡郡守。

西門豹仍是那一副衣衫不整的樣子，前去鄴郡上任。到了鄴郡，他立刻出去私訪，問當地老百姓：「聽說你們這裡每年都要為河伯娶媳，是不是啊？」

父老們回道：「是啊！這地方的百姓被這事害苦了！」

西門豹說：「我初來乍到，不瞭解情況，你們說說看。」

一個老者歎道：「我們這裡的地方官、三老和廷掾，每年都要向百姓收多達百萬的錢，然後用二三十萬替河伯娶媳，他們和巫祝等人共分餘下的錢。」

西門豹問道：「河伯不是河神嗎？怎麼給他娶媳啊？」

老伯回道：「為河伯娶媳，就是先由巫婆到各家察看，誰家的女孩子長得好，就把她嫁給河伯。像平常人家女兒出嫁一樣，打扮起來，然後把新娘子漂到河面上，不一會兒便沈下去，不見了。有女孩子的人家，害怕自家的女兒被挑上去嫁給河伯，紛紛逃到外地去了。他們說，要是不給河伯娶媳婦，河伯會發怒，漲大水，郡裡的人都會被淹死。」

西門豹說：「這事倒真是稀奇！本郡守倒想看個熱鬧。等今年給河伯娶媳婦那一天，你們記得通知本官。」

父老們點頭答應，官員們當然更不敢不依從。

轉眼間，又到了給河伯娶媳的日子。西門豹果然和大家一樣，也來到河邊。這一天來的人特別多，包括三老、廷掾、強豪、官吏、閭里父老等等，共有二三千人。替河伯送媳婦的巫婆是個七十來歲的老婦人，背後站著十來位女徒弟。

西門豹說：「請巫婆把新娘子請出來吧！」

「是！」巫婆一聲令下，那十幾個女徒弟從一頂大幃帳裡牽出一個女孩。那女孩年輕、漂亮，但早已哭腫了眼，哭啞了喉嚨，死命掙扎，不肯向一個小漂架走。那些女徒弟硬是將她往漂架上拖。

西門豹喊道：「慢！我看這女孩長得並不漂亮，她自己又不肯下嫁河伯，此事且暫緩，先叫巫婆下去問問河伯吧！」隨即，他大手一揮，命令手下役卒將老巫婆抬起來，扔到河裡。

不一會，老巫婆沈到水底，不見蹤影。片刻後，西門豹說：「巫婆去了這麼久，怎麼也不回來說一聲。再派一個女徒弟去催一下吧！」他一揮手，役卒們又把一個女徒弟抬著扔到河裡。

又過了一會兒，西門豹說：「巫婆和那女徒弟辦事都太拖拉，就派三老、廷掾、地方官吏到河伯那裡催辦一下吧！」

他又一揮手，役卒們把三老、廷掾、地方官吏齊抬了起來，扔到河裡。

當地強豪見不久就要輪到自己被扔下河裡了，趕緊一齊跪下求饒：「請郡守大人開恩，請郡守大人開恩！我們再不敢強迫給河伯娶媳了！」

西門豹冷笑道：「那太便宜你們了！這樣吧，你們把近三年以來搜刮的錢全數交出。我要治水，正缺錢呢！」

強豪們誰也不敢推辭，回去之後，立刻把三年間所分的好處全吐了出來。從此，鄴郡再也沒有人提議給河伯娶媳了。

鄴郡很快就治理得很完善，百姓們都過著安居樂業的日子。

但那些失去了既得利益的當地強豪挑唆那些嫌興修水力太辛苦的農民給朝廷上奏章，彈劾西門豹脾氣暴躁，草菅人命，強迫百姓興修水利等過錯。

朝廷中，原來就反對把西門豹任命為鄴郡郡守的言官戚憂，更將大家的意見添油加醋，把西門豹說得一無是處，奏請魏文侯撤了西門豹的官位。

魏文侯聽了，笑了笑說：「你怎麼能要求西門豹樣樣都好呢？他有一條治鄴有方的政績就足夠了。」

這個歷史故事是不是很發人深省呢？

9 在人前不要把心思淘空

善於控制自己的人，才能掌握事物的重點，達到收放自如的境界，也才能達到以我操縱事物的境地。這樣的人，能夠正確地對待成功和失敗，成功了不會忘乎所以，失敗了也不會憂慮過甚。大地廣闊，他可以悠遊自在。

李宗吾在《厚黑學》中指出，想成就無憾的事業，就要在運用自己的厚黑功夫時達到這種境界，善於把握運用的時機，該厚時一定不能退縮，該黑時一定不能心軟，知道什麼時候該用厚字訣，什麼時候該用黑字訣，操持好用的度。為此，就必須不斷提高基本素質，強化自我控制的能力，充分瞭解自己，加強磨練，揚長避短。

凡人想要成功，第一要量大，才能與品德尚居其次。以楚漢爭霸而論，劉邦、項羽二人，「品德」二字全都說不上，項羽的才能遠勝過劉邦，而劉邦的氣量遠大於項羽。韓信、陳平、黥布等人起初都在項羽麾下效命，只因項羽量小，容納不住這些人，將他們一個個排斥出去，驅使他們投奔劉邦。劉邦豁達大度，把這些人一齊容納進來，並給予充分的信任和施展本領的舞臺。結果是漢興楚敗，勢所必至。

一九六二年4月，美國前總統柯林頓的母親向羅傑．柯林頓（克林頓的繼父）提出離婚的要求，因為他有暴力與酗酒的行為。之後，她用自己的私房錢購置房子，安頓下來。但沒過多久，羅傑強使柯林頓之母復婚。之後，柯林頓時刻注意，避免使母親單獨與繼父在一起。某一日，羅傑在洗衣間毆打柯林頓的母親，並把剪刀抵在她的喉嚨上。柯林頓同母異父的弟弟小羅傑撞見後馬上去找哥哥，歇斯底里地大叫：「普巴！普巴！爸爸在殺媽媽！」經過一番搏鬥，柯林頓把醉成一灘泥的繼父拖出門外。

「那使比爾堅強起來！」柯林頓的母親指的是那些狂暴的恐怖之夜。柯林頓也同意這樣的說法：「這件事的確讓我在後來的政治生涯中受益不淺。」

在柯林頓緊繃的神經下，潛藏著崩潰的危機，時時處於不穩定狀態。他越是想讓諸事順遂，越是如此。柯林頓在做反省時說：「我成長過程中碰到的首要問題便是——該怎樣在不喪失原則、不大動干戈、不費盡口舌的情況下化解矛盾。」

後來，柯林頓連續當選了兩任的美國總統，實現了少年時代就開始規劃的宏偉藍圖。一個土生土長的地方人士說：「我們很多人都小看了他，他總能巧妙地掩飾自己的真實感情。」

10 弱點也可以變成強項

「一個敢於正視自身之弱點的人，才可能充滿希望！」凡是人，就不能不存在弱點。為此，最好善於利用自己的弱點，巧妙地將自己的弱點變成制伏對手的強項。

《三國演義》第七十回中寫道：張飛在巴西一帶大敗張郃之後，乘勝追襲，一直趕到宕渠山下。張郃利用有利的地勢據守，堅持不出，一連「相拒五十餘日」。張飛無計可施，於是在山前紮住大寨，每日飲酒，而且總是飲至大醉，坐到山前辱罵。劉備得知後大驚失色，急忙找孔明商議。諸葛亮一聽，不但沒有驚慌，反而立即派魏延送去三車好酒。張飛得到美酒之後，還把美酒擺到帳前，「令軍士開懷大飲」。

那張郃在山上見此情景，再也按捺不住殺敵的心情，帶兵秉夜下山，直襲蜀營。待他衝進張飛的大寨，見帳中端坐著一位大漢，舉槍便刺。孰料，他刺倒的竟是一個「假張飛」——草人。這一仗，魏軍中了張飛的埋伏，被打得大敗。

這個故事告訴我們，一個人想在競爭激烈的商場活得瀟灑，過得滋潤，就應該敏於改變自己的生活習慣和性格，並且要厚下臉皮，善於運用自身的弱點施展計謀，欺騙對手。事實證明，一個人的特點及習慣，最容易被對手利用。聰明者若能有自知之明。就性用計，正好可以出其不意，把敵手誘入我的「圈套」。張飛素以飲酒誤事聞名，這次作戰，他卻利用這個弱點，把驍勇善戰的張郃誘出了宕渠山，真可以說是酒中出奇謀！

三木武夫曾經是日本很有名的政治家。二次大戰後，他第一次參與選舉。一次，他到備川縣高松市講演。當他講到「戰後的日本怎樣才能馬上恢復建設」時，突然，聽眾席中傳來一個婦女的喊聲：「三木武夫，你不是娶了六個老婆嗎？像你這樣的人，怎麼能治理好日本？」

臉皮稍薄的人，聽到這話，準羞得無地自容。可三木武夫一聽，卻沒有半點驚慌，臉上平靜如常，鎮靜自如地回道：「這位女士，確實，我年輕時是個享樂主義者，娶了好幾房妻子，戰爭時常帶著她們東躲西藏。這可以說是男人的劣根性。現在她們都已人老珠黃，不中用了。如果我把她們拋棄了，今後誰來養活她們呢？還有一點，你說得不正確！是七個，不是六個。」

聽了他的回答，全場立即響起熱烈的掌聲。結果，三木武夫以壓倒性高票當選。這裡，三木武夫就是巧妙利用了自己的錯誤，贏得他人的同情，從而獲得成功。

11 適當暴露小毛病，反而可以贏得大信任

實際上，人對自己都有隱惡揚善的通病，常常會想盡辦法掩飾自己的缺點，宣揚並誇大自己的優點。因此，一旦有人明白指出自己的缺點，反而會讓人覺得他很誠實，對他產生信賴感。

當然，這並不是說，只要遇到人就將自己的缺點一五一十，全盤托出。這樣做，肯定得不到上述的效果，只是破壞自己的形象。

那麼，應該怎樣做，才能產生效果呢？你可以透露自己的缺點，但不能太多，頂多透露一兩項無關緊要的小毛病就行了。

完人會給人高不可攀的感覺。宣傳模範人物，為什麼通常效果不佳？其故就在於把他們的優點無限誇大，說成了不食人間煙火的「假人」——也等於是「死人」吧！根本沒辦法效仿。有少許小缺點的人，給人的感覺反倒是「雖然有缺點，但大體上很好」。這樣的人往往更能獲得眾人的信賴。

有一次，一位美國加州大學的名教授在課堂上提出他所做的老鼠實驗的結果。此時，有一位學生突然舉手發言，提出了他的看法，並問這位教授，假如用另一種方法，實驗結果將會如何？所有學生全都看著這位教授。只見這位教授不慌不忙，直截了當地說：「我沒做過這個實驗，所以我不知道。」

同樣的情況，假若發生在東方教授身上，情形恐怕就大為不同了。他一定會絞盡腦汁，說出「我想，結果會是……」的話來。

一般人都有不想讓別人看出自己之弱點的心理，因此很難開口說「不知道」。豈不知，有時承認不知道，反而可以增加眾人對你的信任。

因為直截了當地自承不知道，會給人留下非常誠實的印象。並且，敢於當眾承認自己不知道，你的勇氣必定讓人大為佩服。這樣，人們對你所說的其它觀點，會認為你一定是相信千真萬確才會說，對你也就會更加信任。此外，通過說「不知道」，也可拉近與眾人的距離，使你在得到信任的同時，顯得更加親切。

12 成功的男人，背後都有一個好女人

一個人若能控制自己的私欲，就具備了幹大事的條件。當然，控制享樂的本性不是一件容易的事。因此，李宗吾指出，人的私心既然不能除去，我們只好承認其私，容納這種私心，使之各遂其私自存。這樣，世界才能太平。我們人類應當同心協力，分享大地的寶物，這才是公到極點，也可以說是私到極點。如其不然，只會徒向他人取財貨，世界就永不得太平。

沈醉於美色最能令人失去鬥志，紅顏禍水是世人對於過去歷史教訓的深刻總結。女人為禍，一方面證實了女性的蠱惑力和引誘力，另一方面也對那些總是在美女面前保持不了理智清醒的男人提出質疑。在一個只有女人的世界，女人肯定不會為禍；在一個男人都懂得如何與女人安然相處的世界，她們也不可能為禍。由此可見，紅顏禍水的根源在於男人不能節制自己的欲望。

唐玄宗是中國歷史上一位很有作為和氣魄的封建皇帝。在他統治期間，唐朝再一

次達到鼎盛，造就了「開元盛世」。此期間，民心安定，國力強盛。後來，玄宗年紀漸大，又碰上了讓他魂牽夢繞的美人楊玉環。自此，他整日廝混在紅羅帳裡，只恨春宵苦短，把自己的江山社稷拋至九宵雲外。結果是四處藩鎮無人節制，野心日大，終於爆發了「安史之亂」，把個中原大地搞得天翻地覆。

最終，他只能攜美女和群臣「跑路」，逃往四川。群臣早已痛恨楊玉環以美色蠱惑君王，引發胡人叛亂，趁此良機，紛紛規勸玄宗賜死楊玉環。玄宗一開始還憐香惜玉，不肯這樣做。眾人執意堅請。玄宗恐怕發生變故，只得含淚賜美人一死。楊玉環跪在玄宗馬前，哭訴一番，然以一幅白綾，自縊於馬嵬坡前。強盛的唐朝也自此走向衰退的下坡路。

一個男人若善於控制私欲，不被美色控制，反而注重女人的內在美，就可能因自己中意的女人而獲得事業上的成功。

宋朝的抗金名將韓世忠和夫人梁紅玉，後人幾乎無人不知，無人不曉。事實上，韓世忠年輕時是個紈絝子弟，終日只知流連於花街柳巷。他本是個很有才幹的人，卻就是抵禦不了美色的強大誘惑力。幸運的是，他碰上一位傑出的女子，她就是梁紅玉。兩人成婚之後，一開始，韓世忠依舊惡習不改。梁紅玉本是位剛烈女子，不管韓世忠做些什麼，她都不在他面前流淚，也不生氣。過了不久，韓世忠突然改過自新。是什麼原因促使他幡然悔悟？

原來，有一次，韓世忠出門時忘了帶一件東西，便返回去取，意外地在內外看見梁紅玉正傷心落淚。韓世忠看到這種情形，深受感動，進而反省自己，從此投入了抗金的行列，建立了許多功勳。

想要使女人成為自己事業成功、順利為政的堅實動力，就要把女人擺在一個正確的位置。多少好事由此生，多少禍事由此消弭。成功的男人大多知道其中的分量。

ch.2

順逆之間，寵辱不驚

1 堅持到最後一秒鐘

李宗吾在研究了三國、漢朝等各類人物的命運之後，總結出「厚黑學」的大要，對現世的意志薄弱者可能震聾啟聵的作用。一個人的生命只有一次，但機會總可以在奮鬥中不斷發現。保持一顆積極向上的心，是應對世事滄桑的最好策略。這種精神是一個人成功的首要條件。

看看那些因生意失敗、學習成績不理想、工作不如意、戀愛失敗後動不動就跳樓或以激烈的方式來結束自己寶貴生命的年輕人，是多麼愚昧和可悲啊！從這個角度看，《厚黑學》還具有拯救生命的現實作用。

碰到失敗的時候，一定要臉皮厚，沈得住氣，記住「生命只有一次」，留好捲土重來的資本。讓我們看看劉邦與項羽的較量吧！

一次，漢高祖劉邦被項羽的隊伍圍困在成皋（今河南滎陽市）。當時項羽的實際隊伍超過四十萬人，被圍的劉邦麾下不到十萬人。劉邦自知不敵項羽，龜縮在城內，不敢應戰。項羽命令自己的士兵組成輪番咒罵隊，以一百人為一隊，齊唱一些低下的諷刺歌謠。比如：「詐狗最是惡，靜臥聲不作。等你近前時，咬住你腳脖……」他以為，用這種漫罵的方式，必可激得劉邦出城應戰，而後一口吃掉他。誰知劉邦不答不理，縮在成皋城裡不露面，不接腔，像死一樣沈寂。

然而，劉邦真的沈寂了嗎？不！他在積極運用「許願」的拉攏策略，聯絡各地諸侯，並迅速調集遠在外地的各路麾下大軍，讓他們前來成皋解圍。

當時劉邦的許諾只有兩條：一是封王，二是割地。

也就是說，向各路諸侯將領許諾，在打敗項羽，取得全國政權之後，給此次解圍的有功人員「封王」、「割地」的大獎賞。

所謂「重賞之下必有勇夫」，包括韓信、吳芮、英布等在內的各路將領都率大軍奔赴成皋，壞了項羽圍殲劉邦的計畫。

成皋解圍了。當時劉邦手下部將王陵、陳平、周勃等人有的與劉邦一起被圍，有的事後才得知全貌。陳平、周勃稱讚劉邦說：「漢王真是雄才大略，一個計謀勝過百萬甲兵。」

後來，劉邦又借助各路諸侯和麾下大軍的通力合作，終於將項羽圍困在垓下。

垓下在今安徽省宿縣地區。「垓下」的古語原意是「高不可越的懸崖絕壁」。

項羽退到垓下，前面絕壁擋路，身後三面被劉邦聯軍圍了三圈。圍軍中主要就是吳芮、英布等人的部隊。

此時，項羽已糧盡援絕。某夜，突聞楚歌四起，綿綿不絕。項羽本是楚人，聞聽楚歌，大驚道：「難道漢軍已盡奪楚地？不然，怎會四面皆是楚歌？」

其實，這是劉邦聽從謀士張良的妙計，故意令麾下大軍高唱楚歌，以震懾項羽的心扉，瓦解楚軍的鬥志。這便是成語「四面楚歌」的由來。

項羽有一美人，名叫虞姬，常侍身側；又有一駿馬，名曰烏騅，乃平日座騎，能一日千里。此時前無出路，後有追兵，項羽已知自己別無生路，乃夜起飲酒，要虞姬舞劍作陪。

前思後想，他悔不當初。他記起過去有多次殺劉邦的機會，都被自己輕易放過了，遂感慨而歌，其詞曰：「力拔山兮氣蓋世，時不利兮騅不逝。騅不逝兮可奈何，虞姬虞姬奈若何？」歌罷潸然淚下。丈夫有淚不輕彈，原是未到傷心處；人之將死萬事休，西楚霸王淚亦流。

虞姬且舞且唱，所唱自編之歌，原是對項羽的回報之意：「漢兵已掠地，四面楚歌聲。大王意已盡，賤妾何獨生。」歌罷舞畢，舉劍刎頸。

項羽又是一陣慟哭。隨即勃發生機，決定突圍。他飛跨烏騅馬，徑直四蹄飛，個劉邦的圍軍衝殺而去。麾下八百多名戰士騎馬尾追。

夜色昏暗，漢軍無防，睡夢中被殺無數。項羽謝皇天賜路，終於大突出重圍，向南疾飛而去。直到天明，劉邦才發覺項羽已經遁逃，乃命騎將灌嬰率五千騎追擊。

項羽強渡淮河，跟隨者只剩百餘人。俄頃，來到一處陰陵墓地，前邊三叉路口。項羽在前，不智朝哪邊走，適見前邊田中有一老農，便上前問路：「呔！老頭！前面哪條路好走？」

這霸王滿臉兇神惡煞，口氣一派輕侮。

老農不慌不忙，抬頭回答：「往左走！」

項羽依言而行，結果駿馬狂奔至一大沼澤，根本沒法走。

為此，漢將灌嬰終於追上來了。原來，那老農因項羽出言粗暴，故意給他指上一條死路。此時項羽身後已只餘二十八人跟隨。他命令這二十八名隨從各自殺出重圍，到大山以東集合，自己衝入漢軍，砍殺一百多人，砍倒漢軍軍旗一面，斬殺漢將一名，再突圍出去。到了東山後邊聚齊，隨從只餘二十六人。項羽領著他們前進，到了烏江之前。

這烏江是今日安徽巢湖地區和縣東北的烏江浦。此地正是項羽當年隨叔父項梁率軍起義渡江西去之地。

此時身後已無追兵。到了一個關津渡口，只是旁邊立著一塊巨大石碑，上書四個大字：「項籍死此」。

項羽驚得一跳。許久不用「項籍」這名字了，何以石碑上有此四字。烏騅腿快，轉眼到了石碑正前，卻前「項籍死此」四個大字乃是螞蟻爬在石碑上組成。此時螞蟻還在來回穿梭不止。

項羽根本沒有想到這是張良的又一妙計，用豬油在石碑上寫下「項籍死此」四字，螞蟻喜好豬油，上碑偷吃，便顯現了此四個黑字。

項羽只道這是天要滅楚，便有了自刎報天之心。忽然來了一葉扁舟，駕舟的仍是當年的關津亭長。他當年指揮大批船隊，載著八千江東兵勇，隨項梁、項羽起義反秦而去。如今卻只見項羽一個人回來。

關津亭長說：「楚王，此船太小，只能載你一人過江，連你的烏騅馬都過不去。等你在江東籌組八千兵勇，老朽再來渡你西去吧！」

項羽一聽，這分明是說的反話，於是大聲回道：「天要滅我，我何顏見江東父老！」一話未完，後邊數千騎漢兵追奔而至。於是他二話不說，拔劍自刎。

項羽身亡，有馬童、呂勝、王翳、楊武、楊喜五人爭奪他的屍身，結果竟將他的身子砍成五段，各自取了一段而回。原來，劉邦早已下令：奪得項羽屍身者必定重賞封侯。

項羽為拔山蓋世之雄，叱吒風雲，千人皆廢，最後身死東城，為天下所恥笑。垓下之敗，如果渡過烏江，捲土重來，尚不知「鹿死誰手」？

真正的厚黑大家不會步其後塵，他們必會待機「殺回馬槍」。

「走」與「回」，不是消極逃避，而是主動脫離一種極為不利的處境，待情況轉好，再回過頭積極扳回頹勢。

昏庸的晉國國王晉獻公聽信驪姬的讒言，逼迫太子重耳自殺。重耳設法出走，流亡於外，避免了驪姬的迫害。流亡期間，他漸漸變得成熟、幹練，積極尋找同盟。最後，他終於在秦國大軍護送下歸晉。隨之，國內形勢急變，他很快掌握了大局。

上述兩例正是鮮明的對比：一個不能「忍」，走了死路；一個一「走」了之，留下本錢，重得王位。這個道理在我們平時立身行世時也大有作用。在重大挫折面前，要思想積極，不妨「走」為上策，以等待時機．造條件，捲土重來。

2 別做能照透他人靈魂的鏡子

若有一面能照透靈魂的鏡子，試問：有誰敢往它跟前站定？

說起曹操殺楊修，多數人認為那是因楊修「才高壓主」，遂遭殺身之禍。還有人認為，是因為楊修參與了曹植與曹丕的太子之爭。這些說法都有一定的道理。但最根本的原因在於楊修能看透曹操的心理在想什麼，終致引出曹操的殺機。

楊修，字德祖，弘農華陰人，東漢當朝太尉楊彪之子。他博學能文，才思敏捷。建安年中，舉為孝廉，任郎中。後被曹操任命為丞相府倉曹屬主簿，不少軍國大事都由他經手處理，他總是能做得讓人滿意。自曹丕以下，不少人爭相與之交好。他不僅是曹操的得力謀士，而且還是曹操「鄴下文人集團」的重要成員，其文學造詣，與「建安七子」齊名。

楊修的聰明能幹，既博得曹操的賞識，但他聰明過度，恃才自負，也常常惹得曹操一肚子火，不爽。

曹操曾營造一所花園。竣工後，曹操觀看，不置可否，只提筆在門上寫了一個

「活」字。手下人都不解其意。楊修說：「『門』內添『活』字，乃『闊』字也。丞相嫌園門闊耳。」於是，督造者再築圍牆，改造完畢，又請曹操前往觀看。曹操大喜，問是誰解此意。左右回答，說是楊修。曹操嘴上雖讚美幾句，心裡卻很不舒服。

另一次，塞北送來一盒酥。曹操在盒子上寫了「一盒酥」三字。正巧楊修進來，看了盒子上的字，竟不待曹操說話，自取來湯匙，與眾人分而食之。曹操問是何故。楊修回答：「盒上明書一人一口酥，豈敢違丞相之命乎？」曹操聽了，雖然面帶笑容，心裡卻滿是疙瘩。

《三國演義》第七十二回在描述曹操與劉備的漢中會戰時如此說：曹操率大軍迎戰劉備，在漢水一帶對峙甚久。由於長時屯兵，曹操進退兩難。此時恰逢廚子端來一碗雞湯。曹操見碗中有根雞肋，感慨萬千。這時夏侯惇入帳內稟請夜間號令，曹操隨口說道：「雞肋！雞肋！」夏侯惇聞言，將這句話當作號令傳了出去。行軍主簿楊修聽說此事，立即叫眾人收拾行裝，準備起程回京。夏侯惇見了，驚恐萬分，把楊修叫到帳內詢問。楊修解釋道：「雞肋雞肋，棄之可惜，食之無味。今進不能勝，退恐人笑，在此何益？來日魏王必班師矣。」夏侯惇聽了，非常佩服他的判斷。營中各將便都打點起行裝。曹操得知此情，以楊修造謠惑眾，擾亂軍心之罪，把他殺了。

俗話說得好：「聰明反被聰明誤。」應該肯定，楊修是一個絕頂聰明的人。問題在於他被聰明所誤，處處都露一手。所謂「恃才放狂」，不顧及別人受不受得了，不考慮別人討不討厭，而這個別人卻是曹操這個恃才傲物的頂頭上司。於是，針尖兒對麥芒，楊修終於送掉了自己的小命。

其實，曹營中，聰明人絕非僅楊修一個，能猜出曹操想法的也絕不只一個楊修。只是，這些人比楊修還要聰明一籌，更加瞭解曹操，所以不會去有意觸動他。

3 不懂得放棄，就不會有得

射箭忌拉弓過滿，過滿輕則發而無力，重則弓折弦斷。

一個人行走社會，也應牢記這個原則，尤其是在前進的路上遇到阻礙時。要之，行世以讓一步為高明，退一步將為進一步蓄積好力量，做好準備，更有利於前進；立身以心懷寬厚為福氣，利人實質上就是利己。「不撞南牆不回頭」是愚勇之人的莽撞之行，明智之人決不會這樣。

俗話說得好：「進一步懸崖萬丈，退一步海闊天空。」

在事裡面前，要沈著冷靜，多思考幾分，不要意氣用事，不要過分計較眼前的得失，要能屈能伸，得饒人處且饒人。在生活中，要處處表現出寬厚，一切以有利於眾人為前提。推功攬過，可以獲得人心，最終會為自己帶來更大的利益。

「退一步海闊天空。」因為「退一步」後眼界更寬。實質上。「退一步」就是一種放棄。在生意場上，學會放棄也是一種本事。

挪威富翁耶伯生就是從善於放棄中崛起的。

一九六六年6月，中東戰爭爆發，東西方交流的海上門戶蘇伊士運河一度因之關閉不通。日本和西方國家在中東購買的石油不得不遠途跋涉繞到好望角，再運回本國。這種運輸模式以及對石油需求量的增長刺激了石油運輸業的發展。各家航運公司眼見經營石油運輸有利可圖，競相購進油輪。石油運輸業一時之間蜂擁群聚，成為世界船運業的一大奇觀。

然而，在挪威的卑爾根，有一個年輕人對這種情勢卻持獨特的看法。他就是後來任挪威船廠協會董事長，被評為挪威一九七七年最佳企業的耶伯生船運公司的擁有人阿特勒．耶伯生。

耶伯生31歲時，老耶伯生去世，給他留下一家小船運公司。這家公司只擁有七艘船，力量極其弱小。父親在世時，眼見石油業佳話頻傳，亦不甘人後，傾力購進三艘油輪，希望藉此打入世界石油運輸業以擴展業務。這三艘油輪雖然耗費了公司微薄資本的大部分，但與其它龐大的運輸公司相比，毫無競爭實力可言，隨時都有被人吞併的危險。

年輕的耶伯生鑒於這種情況，在接管公司一年後宣布賣掉油輪，退出競爭熱烈的石油運輸業。許多人對此迷惑不解，更有一些人認為耶伯生少壯無為，不趁機大撈一把，遲早會吃大虧。

面對人們的種種評論，耶伯生依然我行我素，不為所動。油輪適時出售，很快脫手。他利用賣船所得，購進了幾艘散裝船，這種船適於為大企業運輸鋼鐵產品和其它各種散裝原材。以此為資本，他與一些大企業簽訂了長期合同。

他曾為此解釋說：「無論船運公司還是大企業，都存在長期打算和短期打算兩種不同的做法。一家小公司，雖然有在投機性的商業熱潮中大賺一筆的機會，但日後很可能無法逃脫經濟衰退的致命打擊。惟有放眼長遠利益，放棄眼前小利，站穩腳跟，逐步發展、壯大，方能在險象環生的航運業中立於不敗之地。」

一九七三年，中東戰爭在對峙中再次爆發。為抵制美國等西方國家對以色列的支持，阿拉伯產油國提高了石油輸出價格，從而導致許多石油消費國大幅度削減石油需求量。同時，北海和阿拉斯加儲油區的開採，也導致石油連輸線有所改變。這些變化引起連鎖反應，使企業界對油輪的需求量銳減，給世界船運業帶來根本性的變化，許多石油運輸船長期處於閒置狀態。

各大船運公司在新局勢下進退維艱，一籌莫展，有的以付出重大損失為代價轉入其它行業，有的則因缺乏大量周轉資金而一蹶不振，陷入破產的危機。

耶伯生的小公司卻憑藉其與幾家企業簽訂的長期合同，運輸散裝貨物，盈利穩步上升，不僅安然度過航運業的危險期，而且從中逐步積累資本，使公司規模有了進一步的發展。

今天的耶伯生公司已是挪威最富生氣和活力的公司，在耶伯生手中，掌握著一百二十萬噸商船總共九十艘條的大船隊，還有在世界各地的眾多投資。這些成果可以說正是建立在創業初期，他的正確決策之上。

有時候，成功與失敗只是一牆之隔，機會就在果敢的放棄之中。今天，這種放棄天天都在發生，許多成功的商人就從巧妙的放棄中獲得新生，也獲得更大的成就。

4 給別人喜歡的，才能得到自己想要的

在生意場上，成功的交易一般都可以討對手的歡心。不管面對的是生意夥伴還是消費者，想要得到自己極感興趣的東西，首先就要想到如何供應對方所喜歡的東西。下面的一筆交易就是遵循了這樣的原則，取得了成功。

一九八七年6月法國網球公開賽期間，保羅．弗雷斯科和傑克．韋爾奇在巴黎招待他們的商業夥伴，一起觀賞這場盛大的賽事。法國政府控股的湯姆遜電子公司董事長阿蘭．戈麥斯也在他們熱情的邀請之列。這是一位很風趣、很有魄力的人。

韋爾奇事先已經約好第二天去戈麥斯的辦公室拜訪。在他們見面時，情形和韋爾奇第一次與其他商家會談時沒什麼兩樣，他們彼此的企業都需要幫助。

湯姆遜公司擁有一家韋爾奇想要的醫療造影設備公司。這家公司叫CGR，實力不算很強，在同行內排名只占第4或第5名。而韋爾奇的通用公司在美國醫療設備行業則擁有一家首屈一指的子公司，這家子公司幾乎壟斷了美國從X光機、CT掃描器到核磁共振治療儀等醫療設備的全部業務。但是，他們在歐洲市場毫無優勢可言。

更重要的是，由於法國政府保持著對湯姆遜公司的控股，實際上這就等於將韋爾奇的公司擋在法國市場之外。

會談中，阿蘭・戈麥斯明確表示他不想把他的醫療業務賣給韋爾奇。韋爾奇不氣餒，決定看看對方是否對進行業務交換感興趣。他向戈麥斯說明，他可以用自己的其它業務與他們的醫療業務進行交換。

韋爾奇當然清楚自己不喜歡通用的哪些業務和公司。他決不會做賠本交易。他站起身來，走到湯姆遜公司會議室的講解板前面，拿起一支水筆，在上面列出能夠賣給他們的一些業務。

他列出的第一個項目是半導體業務。對方不想要。然後，他又列出了電視機製造業務。戈麥斯立刻表示他對這個業務很有興趣。在他看來，他的電視業務規模目前還不算很大，而且局限在歐洲範圍之內。他認為，通過這項交換，可以把那些不賺錢的醫療業務甩掉，而且成為第一大電視機製造商。

兩人對這項交易都很興奮，馬上開始進行談判。很快，他們達成一致。談判結束後，戈麥斯陪著韋爾奇出了電梯，一直把他送到等候在辦公樓外面的轎車旁。

車子發動，在道路上疾駛，韋爾奇一把抓住了坐在身邊的祕書的胳膊，激動地說：「是上帝來讓我做這筆交易的！我當然有理由把它做得完美！」

「而且！戈麥斯也很想做成這筆交易！」祕書回答。

他們相視，一起開懷大笑。

韋爾奇確信戈麥斯回到樓上之後，也會有同樣的感覺。因為戈麥斯很清楚，他的電視機公司規模太小，根本無法同日本人競爭。這筆交易可以使他獲得一個相對隱定的規模經濟和市場地位，從而使他可以應對一場巨大的挑戰。然而，韋爾奇出售電視機業務一事卻招來很多人的批評。許多媒體指責他是在向日本人的競爭屈服，另一些人則攻擊他不愛國，只愛錢。他甚至被譏為在戰鬥中開小差的膽小鬼。

韋爾奇對此發表評論：「這些批評都是媒體的一派胡言！事實是，通過交易，我們的醫療設備業務更加全球化，技術更加尖端，而且得到了一大筆現金。每年專利使用費的收入就比我們前10年電視機業務的純收入還要多，我們由此上線國家的利稅也是前些年的好幾倍。」

在生意場上，「雙贏」無疑是最佳的選擇。但是，要做到這一點，很不容易。首先，它要求你準確地把握住自己的優勢和劣勢；其次，你必須清醒地掌握對手的業務特點。在雙方優劣的深入分析中，找到符合自身發展的新機遇，才能做到知彼知己，取長補短，有激烈的競爭中百戰不殆。

5 謙恭的勝利者和高傲的失敗者

美國南北戰爭結束之後，高奏凱歌的格蘭特將軍如果想要藉此炫耀自己的功績，實在是一個絕好的機會。誰會對此指手畫腳呢？經過一番苦戰，南軍崩潰了、李將軍不得不在阿坡馬托克斯的郡審判廳裡簽下降書。

格蘭特是否可以自高自大呢？如果是一個平常人，恐怕就會這樣做。但是，格蘭特將軍不是一個平常人，他生性謙恭，不喜歡驕矜。

他這樣記載受降的過程：「李將軍還是穿著完整的軍服，腰上佩著一把很寶貴的劍。那恐怕就是維吉尼亞省政府賜與他的那把劍。我穿著一套很髒的士兵服，肩上佩帶著陸軍中將的肩章。我這樣子，與他（李將軍）那六尺高的身軀，穿得很利落的外表，一定是一種很有趣的對比。不過，這種情形，我是在後來才想到的。」

一個勝利者，其成就已足以引起人們的注意，他們大可以表現出謙恭的態度。他們有這種資本，他們的成就自然會替他們宣揚。如果你對自己能不能取得成就，或者能取得多大的成就還有疑問，還不知能否得到別人的稱讚就開始大吹大擂，只會突顯出自己的淺薄。

李將軍在投降時穿著很莊重的軍服，這並不是不謙恭。他所處的地位太特殊了。他是失敗者，身為一名軍人，當然會以此為恥。但是，他要向人們顯示，他是以勇敢的姿態接受他的失敗。他身著莊重齊整的軍服，就意味著他雖然失敗了，人格依舊端正無缺。他以一種豁達的態度接受他的失敗，這合乎他那偉大的人格和身分。

格蘭特沒有蔑視李將軍。他既不誇耀自己的成功，也不鄙薄被他打敗的敵人。他知道，除了他個人的能力之外，還有許多因素導致他的勝利。

科爾勒稱讚他，說他的這次勝利是這場漫長的戰爭中最偉大的成就。他回答：「這次勝利要歸功於許多機緣。當時維吉尼亞天氣很糟，他們的軍隊老是陷入污泥，而我們這裡則天高氣爽，天氣非常好，路很好走，可以任意馳騁。兩天後，天氣完全變了個樣，幾乎不能採取任何行動。」他說是天氣幫了他。其實，是他巧妙利用了如此良機。但是，對這次勝利他沒有把天氣及其它機運的作用據為己有。

如果他毫無保留地接受了科爾勒的稱讚，或是以自己的勝利為傲，這就表示他自身還存在著弱點。切斯特菲爾德爵士說：「那些喜歡別人奉承的人，只能成為想勝過人，卻不知如何取勝的作夢者；他們並沒有自信心。」

如果你有一種飄飄然的自傲感，很容易接受別人的稱讚，那就說明你已面臨危險。那意味著你是在欺騙自己，把自己的能力看得太高。這種虛假的自負，會使你下一次面臨很大的困難。你在哄騙你自己，以為你的一切勝利都來自你自己的力量，而不知道事實上並非如此。你要特別當心，不可因別人的奉承而沾沾自喜。

詹姆斯．波克對奉承的習氣很不以為然。當他把議長之職讓出來，以擁護林肯政府時，在一般人看來，由於他對黨的貢獻，理該受到熱烈的歡呼。他說：「傍晚，我當選為紐約州州長，一小時後又被推選為上議院議員。不到第二天早晨，好像美國大總統的位置已等不及落到我的頭上，雖然我的年紀還不足。」他用這種自我調侃，善意批評了眾人對他的讚揚。

你能夠承受得住突然的飛黃騰達嗎？要衡量一個人是否真能有所成就，就要看他是否具有這種承受力。

福特說：「那些自以為做了很多事的人，便不會再有什麼奮鬥心。有許多人之所以失敗，不是因為他們的能力不夠，而是因為他們覺得自己已經非常成功了。他們奮鬥過，戰勝了不知多少艱難困苦，憑著自己的意志和努力，使許多看起來不可能的事都成了現實。但是，取得了一點小小的成功，他們便經受不住考驗了。他們懶怠起來，放鬆了對自己的要求，往後慢慢下滑，最後跌倒了。古往今來的歷史上，被榮譽和獎賞沖昏了頭腦，從此懈怠懶散下去，終至一無所成的人，真不知有多少……」

如果你的計畫很遠大，很難一下子達到，那麼，在別人稱讚你的初步成功時，你應該對比一下你將來的宏偉藍圖。你將會發現，你眼前的小成功只是萬里長征路途的第一步，根本不值得誇耀。這樣一想，你就不會沾沾自喜了。

洛克菲勒在談到他早年從事煤油業的景況時，這樣說：「在我的事業漸漸有些起色的時候，我每晚把頭放在枕上之際，總是這樣對自己說：『現在你有了一點點成就，你一定不可因此自高自大，否則你就會站不住，就會跌倒。你有了一點好的開始，並不意味著你已是一個大商人。你要當心，堅持前進，絕不可神智不清。』我覺得我對自己進行這樣親切的談話，對於我的一生有很大的影響。我怕我受不住成功的衝擊，便鍛鍊自己不要被一些愚蠢的念頭所蠱惑，自以為有多麼了不起。」

我們開始成功的時候，若能在成功面前保持平常心，不因此而自大，這是一種幸運。對於每次的成功，我們只能視其為一種新努力的開始。我們要在將來的光榮上生活，而不要在過去的冠冕上生活。

6 以平常心對待榮辱禍福

互相作用的兩力達到平衡，才能穩定。萬事萬物以平為歸。水不平則流，物不平則鳴。禍福就如同這樣的兩力，只有在心中平衡了，才能保持長久的安靜。

薛仁貴，唐初繹州龍門（今屬山西省）人，家境十分貧苦，祖輩都是務農為生。但他自幼練武，十八般武藝樣樣皆精。

貞觀末年，唐太宗李世民親征遼東。當時的遼東包括高麗（朝鮮）在內。太宗廣募兵勇，薛仁貴趁機參軍，隸屬於將軍張士貴帳下。一次，高麗首領派遣部將高延壽統軍二十五萬，將李世民圍困起來。薛仁貴身穿一襲白袍，英勇殺敵，衝鋒在前，引導張士貴大軍擊敗高延壽，解了李世民之圍。

李世民大喜。從此，薛仁貴之名震響天下。太宗授予他「白袍小將」之封號，賜給他兩匹馬，任命他為游擊將軍。

薛仁貴卻有些不安，說道：「俗話說，福禍相依。我此次得到巨大的封賞，恐非幸事！」

果不其然，不久他就打了一次大敗仗，將軍之位被撤，降為普通的宮廷侍衛。許多人為他惋惜。他卻說：「未必是壞事。我遇此挫折，從此不為人知，也許就又有我創立戰功的良機了。福兮禍之所倚呢！」

沒多久，太宗駕崩，由太子李治繼位。

有一次，高宗李治夜宿於玄武門萬年宮。突然，山洪爆發，大水直衝萬年宮。眾人猛然間都慌了手腳，只有薛仁貴曾任將軍，向有大志，不為洪水所懼，趕快去喊醒高宗，急急逃離。

李治才一離開，大水就將萬年宮全部淹沒。他大為感動，對薛仁貴說：「不是卿家救朕，朕必被洪水淹照。只有到了危急關頭，才顯出忠臣的可貴呀！」旋即賞賜薛仁貴兩匹馬，不僅將他官復原職，還提升他為右領軍將領。

許多人前來祝賀。可是，薛仁貴還是說：「且慢！且慢！福兮禍之所伏，只怕我還有厄運在後頭。」

果然，後來他率兵西征吐蕃，因為一個副將不服調配，造成輜重全部丟失，征戰全線潰敗的結果。他又被高宗撤去了將軍之職，貶為庶人，被流放到廣西相州。

許多人又為他哀歎不已。他卻說：「禍兮福之所倚，焉知這不是我下一次再得到升遷的前兆？」

果然，其後又有了一次良機：突厥在西方進犯唐朝邊境。

李治把薛仁貴召回，說：「你一生東征高麗，已伐突厥，有功有過，命途坎坷，不會對朕記恨在懷吧？現在突厥又在我西疆鬧市，你可願為朕再領兵殺敵？」

薛仁貴回答：「臣之一切，都屬陛下所有，焉有他心！」

於是，李治又命薛仁貴為瓜州長史、右領軍衛將軍、檢校代州都督，命他率部出擊突厥。可這消息，他故意隱瞞，未對外公開。

戰場上，兩軍對壘，突厥元帥問：「敵軍主將是誰？」

答曰：「薛仁貴。」

突厥元帥不信，說：「不對！薛仁貴被李治貶為庶人，流放相州去了！」

待唐軍近前，果見薛仁貴站在前頭，嚇得突厥人聞風喪膽。這一仗，薛仁貴大獲全勝，揮師殺敵萬眾，生俘敵軍三萬餘口，凱旋而歸。

最終，薛仁貴以大將軍大元帥之職，於七十歲時壽終正寢。他得到軍民人等無比的崇敬。可是，他自己說：「全是那『禍福相倚』的教言，成就了我啊！」

7 做個永遠的不會放棄的人

一個人處於憂危的環境，必須具有一種豪邁向上的志氣。

艾柯卡是美國家喻戶曉的英雄人物，他的自傳是當今全球非小說類書籍中最暢銷的書，他的一生很具傳奇色彩。

他的父親是由義大利移民到美國。正因為是移民的後裔，所以從小就有一種對抗歧視，奮發圖強的性格。

一九四八年8月，20歲的艾柯卡當上福特汽車公司的見習工程師。可是，他自認為比較適合市場行銷的工作，就毛遂自薦，要轉為汽車業務推銷員。

剛開始，他的銷售成績並不理想，在推銷員中居於末位。後來，他提出了花51元買56型福特汽車的分期付款方式。雖然這並不是他首創的促銷手法，但因為他的靈活運用和宣傳，僅僅三個月時間內，他的銷售成績就一路攀升為第一名，受到公司副總經理麥克納馬拉（後來任美國防部長）的賞識，升任為總公司銷售部主任。

在銷售方面獲得成功之後，艾柯卡卻轉回頭幹老本行技術設計。經過苦心的研究與努力，他設計出「野馬」汽車。這種車造型新穎、華美富麗，又保留了老福特汽車的一些特點。推出之後，在很短的時間內，就打破了福特公司歷年來的銷售紀錄。同時，「野馬」也成為廣受歡迎、借用的名稱，例如野馬帽、野馬俱樂部、野馬麵包等等。其後，艾柯卡憑著這股奮發圖強的工作熱情，當上了福特公司的總經理。

成功有時卻會帶來厄運。福特公司的大老闆亨利．福特二世相當妒忌艾柯卡的成功，突然決定開除這位鋒芒畢露的總經理。一時之間，艾柯卡突然從事業的巔峰跌入絕望的深淵，幾乎讓他失去生活的信心和勇氣。他在福特公司已經工作32年，本來可以靠著自己為公司創造的業績，高枕無憂地安享晚年，沒想到卻硬是被解雇了。這時，他已經54歲了。

可是，艾柯卡並沒有被擊垮，他得到了一項更艱巨的任務——一九七九年他應聘到瀕臨破產的克萊斯勒汽車公司擔任總經理！這項決定幾乎可以比喻為：一匹老馬把負載沈重的破車套在脖子上，往山坡攀登。其艱辛的程度可想而知。

這位曾在第二大汽車公司當了8年總經理的強者，憑他頑強的毅力、果斷的決心及宏大的氣魄，進行了一次大改革。他對公司內部進行了大規模的調整，並以百折不撓的毅力說服了國會議員，取得了鉅額的貸款。

這一時期是使他成為傳奇人物的重要階段，也是他一生中最艱難的日子。如果他不能重振克萊斯勒，他在福特公司所創出來的成績將成為一個無情的反諷。

艾柯卡設計了一種小型車，很快成為汽車界的新寵兒，獲得空前的成功。這種小型車不僅乘坐舒適，駕駛方便，體積小，節約能源，而且外型優美，使汽車粉絲為之瘋狂。這款小型車的推出，標誌著艾柯卡登上人生旅途的另一個高峰。一九八三年8月15日，艾柯卡把一張面額高達八億一千三百八十四萬美元的支票交給銀行。至此，克萊斯勒還清了所有債務。這時，距離福特開除他的日子，剛好滿五年。

艾柯卡的成功，使克萊斯勒一躍成為僅次於通用、福特的美國　三大汽車公司。第二年，艾柯卡為克萊斯勒公司創下盈利24億美元的紀錄，這個數字高於公司歷年盈利數字的總和。

人在「奮發」的過程中，才能發現並發揮自己的潛力。每個人內在的潛能都是無窮的，如果總是按慣性生活，就會把可能發揮出來的能力都掩蓋掉了。用新的任務、考驗去激發內在的潛能，你必會發現，原來你自己具有無比強大的能力。

從另一個角度說，人就像一顆星星，在無垠的宇宙中不過是那麼一小點兒。只有不斷激發自己的潛力，奮發向前，戰勝一個又一個難關，才能發出最閃亮的輝芒。

8 忍得住就能堅守自己的一片天

追求自己的遠大抱負，不能顧忌世人的風言風語，要善於用厚黑做盾牌，為自己的追求，守住一片堅定的天地。

事實上，歷史上的成名人物也都是沿著這條路子成功的。

吳起本是衛國人，後來到了魏國。起初，他人地兩生，苦於無人引介。這時，他遇到了魏國將領翟璜。這翟璜是個惜才之人，他看出吳起很有才華，便先把他迎到自己府中，供他吃住。

有一次，魏文侯想派人去守西河。商議之時，翟璜向文侯推薦吳起，說他是個有才能的人，能當此重任。

文侯思考片刻，說：「愛卿，孤聽說吳起雖有才能，但品德卻不怎麼樣。聽說他母親死了，他都不回去守喪；為了當將軍，還把自己的妻子殺了！這樣的人……」

「大王，吳起確有真才實學。何況，任何人才都不可能十全十美，有點小毛病在所難免。再者，儒家的禮教，我們也不是一定非遵守不可。吳起殺妻只是傳聞。就算此事為真，也是因為他急於建功立業呀！咱們不正應該利用他的這種進取心嗎！大王，還請三思。」

翟璜說罷，默立一旁，等文侯指示。

文侯想了老半天，才說：「既然愛卿已經想得這麼周全，那就召吳起進來吧！」

「遵旨！」

翟璜出去不大功夫，便將吳起帶了進來。吳起見上座一人，必是魏文侯，倒身便拜：「參見大王。」

「起來吧！你就是吳起嗎？」文侯細細打量吳起。

「啟稟大王，在下便是吳起。」

吳起穿了一身書生衣服。文侯因心有顧忌，一開始便對他沒什麼好印象，便不冷不熱地問道：「先生習文還是習武？」

吳起豈是愚鈍的文人，見文侯這種態度，便知他是瞧不起自己，於是順口答道：「大王，文、武在下都曾習過，而且研究過『孫子兵法』，行過軍，打過仗……」

文侯不喜他夸夸其談，迅即打斷他：「先生不知，我不喜歡多談打仗的事。」

吳起微微一笑，回道：「說自己不喜歡談打仗的事，恐怕不是心裡的話吧？」

文侯心中暗暗一驚，尋思道：我心裡想什麼，難道你會知道？他裝作不在意的樣子，隨口問道：「聽先生這話的意思，是能測知人的心理嗎？我倒想領教領教。」

吳起何等聰明，一聽文侯這話，便知他是在試探自己，於是從容答道：「大王，恕在下冒昧，有些事想請教大王。您整日派人訓練軍隊，難道只是單純為了增強軍隊的素質？您的兵器作坊裡日夜打製刀槍劍戟，難道是為了觀賞？您又打造了那麼多戰車，單是出遊、打獵，恐怕用不了那麼多吧？」

文侯聽罷吳起這番議論，已看出他確有真才實學。於是立即起身，走到他面前，深施一禮，說道：「先生就是我要拜訪的賢才啊！剛才冒犯之處，還請多多包涵！依先生之見，想富國強兵，該如何做呢？」

吳起一見文侯這態度，知道他是真心請教，趕緊謙恭應道：「大王，想要富國強兵，其實不是很難的事。現在您已經做好了準備工作，這是非常重要的一步，接下來，就要做到自強不息。不能等敵人來攻打才開始防禦。那就晚了。我們必須及早鞏固邊防。您現在應該訪求有將才之人，統領軍隊，做到有攻有守，能敵能禦。」

「先生，您就是我要訪求的人啊！」

文侯立即任命吳起為大將軍，派他去任西河太守。

吳起到了西河，整治邊防，加固城牆，訓練軍隊，帶領百姓改良土壤，耕種梯田，又時時微服私訪，體恤民情，深得百姓愛戴。不幾年功夫，已把個西河治理得進可攻、退可守。

公元前四〇九年，吳起率軍渡過黃河，攻克了秦國的臨晉、洛陽、合陽等重要城鎮，打得秦軍大敗而逃。魏軍一直追過渭水，打到鄭國，把秦國西河一帶的要塞全部奪了過來。

如果吳起很在意世人的評說，他就不可能有勇氣、決心追求自己的遠大志向，坦然面對魏文侯的質疑。吳起的故事告訴我們的不正是「咬定青山不放鬆，任爾東西南北風」的精神嗎？

9 英國第一個女首相柴契爾夫人

只要自認為某事是對的，就去做，別在乎別人怎麼去理解。

瑪格麗特·柴契爾，一個出身低微的店主的女兒，經過堅持不懈的努力和頑強的意志，不但侵入了男性獨佔的政界，還成為英國的第一個女首相，並在20世紀80年代獲得「鐵娘子」的美稱。

柴契爾是個非凡的「女領袖」，成為世界各地年輕婦女的榜樣。她突破了原本牢不可破的禁區，不屈不撓，憑著「目的和方向」達成了不可能的任務。現在，西方很多教室常能聽到這樣的教誨：「是的，只要你努力以赴，你就能努力成為首相（或總統），就像瑪格麗特·柴契爾所做到的那樣！」

面對重大的危險和恫嚇，許多婦女都會退後一步。柴契爾恰恰相反。她喜歡戰鬥，爭強好勝，常常令對手大感頭痛，尤其讓那些不習慣於如此堅定的女人的男人們頭痛萬分。她以毫不動搖，自信正確的立場使許多男人迷惑不解，進而有所畏懼。

柴契爾固執無畏，在她上任兩年後，因應阿根廷攻佔福克蘭群島的事件中顯露無疑。福克蘭群島距英國本土八千哩，島上只有六十五萬隻綿羊和一千萬隻海鷗。對大多數領導者來說，這並非一塊有價值之地，一般不會為它冒政治和軍事風險。阿根廷賭的也是這種俗見：一位女首相，在遠離群島的國土上領導一個困境纏繞的國家，不會為這個在南大西洋的孤島冒風險的。許多柴契爾的同黨人士認為她為如此小的利益，冒那麼大的風險，簡直是瘋了。報界甚至說：「柴契爾瘋了！她認為自己是個奇女子！」

錯的是他們！柴契爾披上奇女子的行裝，毫不猶豫地發動98艘戰艦，載著八千名士兵向福克蘭島挺進。在「征服者」艦長向她報告首遇阿根廷戰艦時，她只下達了一個字眼：「擊沉它！」這是一個原則在起作用：「任何程度的進攻都是絕不能容忍的！」她的鬥志和全局觀佔據上風，將一場潛在的災難轉變為絕對勝利。

報界問起失敗的可能。她冷笑道：「失敗？絕不可能！」

瑪格麗特．柴契爾達到頂峰，是由於她具有堅持不懈的精神、勇於與眾不同的好勝性格，以及不可思議的能量。曾與她同班上課的瑪格麗特．威克斯泰特說：「這從沒見過像瑪格麗特這樣擁有無限能量的人！」

據傳記作家克里斯．奧格登的說法，柴契爾是典型的卓越成就者。他說，她在講院首次演講時，「如此充滿激情，使在場的其他議員頓時鴉雀無聲。」為了維護自己的鬥志和資本主義觀念，他說：「自由競爭比壟斷更能給人帶來機會。」

一九八〇年，她對傳記作家比爾特里西亞．默雷所做的談話，再次突顯了她的不屈不撓和無所畏懼。默雷問她：「你是否有過害怕的事？」她率性答稱：「我一點也想不起來……我不怕飛行、醫院……死亡……不！我簡直一點也想不起來。」

一九九三年12月，她對美國電視觀眾說：「若能習慣每晚睡四、五個小時，保證不生病！有時候，我只睡一個半小時。」這婦女是真正的鐵娘子，具有鋼鐵般的意志。正是這種銳利而強大的性格，使她成為我們時代真正的偉大的創造者。

有人問到她的成功之道。她將它很大程度地歸於自己的父親：「他教會我首先選出自己相信的事，然後實現它。你不必事事妥協！」

10 壽險大王原一平的軼事

有一位皇帝，在登上一座城牆時說：「百姓如此眾多，國必強盛！」身邊的高僧回道：「我只見到兩個人，一個貪名，一個貪利。」欲行厚黑的人，就要具有那高僧的眼界，眼前只呈現兩個字：「一個是厚，一個是黑。」

要行大厚黑，就不能貪圖眼前的榮華富貴，以免被暫時的收穫蒙住了雙眼，被身邊的追名逐利之氣擾亂了進取之心；不能和人針鋒相對，以免過早曝露野心，徒增前途中的危機。最重要的是：始終保持冷靜平和的心，特立獨行的行世風格，超越一切世俗的羈絆，果敢地走向理想的未來。

不管遭逢的對手地位多高，權勢多大，只要確信自己是對的，就要堅持到底，展現「自信心」。這是每個成功人物必不可少的行世原則。有了這種原則，才能促使你百折不撓。

日本著名的推銷大師原一平，在總結自己成功的經驗時，說得最多的兩個字就是「自信」。他說：自信是事業成功的催化劑。

正是在這種信念支持下，他極為妥善地處理了好幾件對他一生影響至深的事。

其中一件是他與當時聲名顯赫的三菱銀行總裁豐田萬藏的一場衝突。這場戲劇性的衝突最終使他因禍得福。

原一平進入明治保險公司的第6年，已是32歲的人了。他把生命的光和熱全部投注在工作上。此時，他的推銷業績已是全國第一。但永不服輸的他，仍然狂熱地工作著，每時每刻都在思考著如何繼續擴大業務。

明治保險公司是日本三菱財團轄下的一家公司，財團的最高負責人豐田萬藏是三菱總公司的理事長，三菱銀行的總裁。

針對這層複雜的關係，原一平腦中如此推敲：三菱銀行一定提供融資甚或投資了許多公司，而三菱銀行與明治保險公司的關係又是這麼密切，通過這層關係，若能得到豐田萬藏董事長的介紹信，那麼……這個念頭使他心跳加快，興奮得幾乎叫了起來。主意既定，他立即展開行動。他首先找到公司的業務最高主席，常務董事阿部章藏，向他說明了自己的全盤計畫。

阿部章藏靜靜地聽他把話講完，隨即表示支持：「你的計畫太好了！如果你能夠成功，我會替你高興。不過，我們公司雖然屬於三菱財團，但當初三菱資助時，講明了決不介紹保險。所以，如果我代你向豐田董事長請求介紹信，明天我就可能不得不辭職了！」

阿部章藏的話，猶如一瓢冷水潑向原一平，他失望極了。但他決不放棄哪怕是一點點希望，又追問道：「是否可以請主席安排我單獨去見董事長，直接向他請求？」

阿部章藏為原一平的決心所打動。他從這個年輕人的神情中看到一股非幹不可的決心，決定盡自己所能幫助他：「好！我來安排吧！」

在阿部章藏的安排下，一個星期天的早晨，原一平滿懷希望和信心，準八點整，到公司拜訪豐田董事長。然而，從8到10點，「他在董事長的會客室中足足等了兩個鐘頭，仍不見董事長的影子。他疲乏地坐在沙發上，不知不覺中竟睡著了。

當他被在照片上早已看得熟悉的豐田萬藏從夢境中突然推醒時，時針已指向11點。待他醒來，豐田董事長劈頭就問：「你找我到底有什麼事？」未等解釋，這傲氣十足的董事長又來了一句：「我很忙，有事快說！」

「我想去訪問日清紡織公司的總經理，懇請董事長幫我寫一封介紹信。」

「什麼？保險那玩意兒也是可以介紹的嗎？」

原一平本來心中就窩了一肚子火，竟按捺不住，向前跨了一大步，怒聲道：「你這個混蛋！你怎麼敢說『保險那玩意兒』！公司不是一再告訴我們，推銷人壽保險是神聖的工作嗎？你這個老傢伙還是我們公司的董事長呢！我要立刻回去向所有的員工宣布……」

激動地說完，他怒氣沖沖地奪門而去。一衝出大門，他立刻為自己粗野的行為懊悔不已。他六神無主地在街上徘徊，心想：我恐怕得為此付出代價！

思前想後，他決定回公司向阿部章藏道歉之後，就立刻提出辭呈

但事情的發展來了個180度大轉彎，完全出乎原一平的預料。原來，在他走後，豐田萬藏也意識到自己的失態：這樣對待一個公司的下屬員工，似乎有些不近情理……

豐田萬藏馬上給阿部章藏打去電話，說他剛剛見到一個很厲害的年輕人，衝勁十足，幾乎嚇了他一大跳。當時他有些不耐煩與不高興。但經過仔細思考，他發現這個年輕人的話其實很有道理。

身為明治保險公司的最高主管，就應當積極地推進保險業務的擴展才對。他請阿部章藏代他向那個年輕人道歉。

阿部章藏接到指示，立即找來原一平，說：「董事長讓我向你轉達，今天雖是星期天，但他還是要立即召開高級主管緊急會議，決定支持你的計畫，把三菱企業的退休金全部轉投到明治保險公司。他很誇獎你。」

聽到這話，原一平幾乎不敢相信自己的耳朵。

對他來說，這一天發生的一切就像是一場夢，太戲劇性了。但事情還沒有結束。

等他迷迷糊糊地回到家，已經是深夜了。他發現，信箱裡竟然躺著一封發自豐田萬藏的信，信中再一次向他表達了誠摯的歉意，並邀請他在空閒的時候到自己家裡一趟。

原一平拿著信，反覆讀了十幾遍，幾乎不敢相信，大名鼎鼎的董事長竟會邀請一個小小職員去家裡。他不斷地用拳頭敲打自己的腦袋。

第二天，他依約走進豐田萬藏那寬大的宅邸。對他的到來，豐田董事長表示熱情的歡迎。從談話中，他學到了許多知識，對董事長深感佩服。

豐田萬藏告訴他：「一位優秀的推銷員，想吸引顧客買你的東西，就要注意自己的儀表。回去就給自己買一套西裝吧！」

董事長頓了一下，又說：「穿得精精神神的，星期一上午10點半到三菱銀行的辦公室來找我。」

就這樣，原一平的名字迅速在三菱銀行傳開了。凡是他需要的客戶，三菱銀行各分行都二話不說地介紹給他。從此，他踏上成功之路。

拜見豐田萬藏一事，給原一平最大的啟發是：任何事，只要你堅信是正確的，事前切勿顧慮過多。最重要的是，拿出勇氣，全力衝刺。過分謹慎，反而成不了大事。

11 謀殺卡斯楚的計劃

當今世界，美國無疑是最強大的資本主義國家。在廿世紀，為了消滅社會主義陣營，美國聯合其他資本主義國家，採取了種種手段。特別是那些強烈反對美國霸權的國家，可謂無所不用其極，從通過肉體消滅國家領導人到輸入西方文化，搞精神上的西化。然而，美國的算盤並不是次次得逞。比如，對於古巴總統卡斯楚，美國的打擊時刻不曾停止，卻常常鎩羽而歸。

自從菲德爾・卡斯楚在美國鼻子底下建立一個社會主義國家，40年來，美國無時無刻不在圖謀顛覆、分化、瓦解古巴，對卡斯楚更正必欲置之死地而後快。

一九六〇年，中情局特工決定再次出擊。以流亡美國的古巴反卡斯楚分子為內線，中情局採取威逼利誘的手法，從邁阿密等地收買了一大批人員。時任卡斯楚醫務人員的米勒就是其中之一。

一日，米勒接到毒死卡斯楚的命令。當時，卡斯楚正患眼疾。中情局製造了一種毒藥。為了不讓古巴安全部門看出破綻，中情局又搞到卡斯楚服用的幾種藥品，將真藥取出，代之以他們研製的毒藥。

身為卡斯楚的醫務人員，下手的機會很多。但米勒幾次想幹都不敢動。有一次，他終於狠下心來。不料，倉促中，他把手中的毒藥瓶打翻了，強烈的毒性竟腐蝕了水泥地板。他嚇壞了。他沒想到中情局的藥會如此厲害。

良心上的不安，使米勒最終選擇了自首。在米勒自首之後，古巴安全部門對自己沒有盡到責任深感內疚。但是，卡斯楚並沒有追究責任。米勒也未受到處罰，他被安排到一家醫院工作。中情局的謀殺計畫就這樣破產了。

誰都知道，卡斯楚非常喜歡吸雪茄。有一年，卡斯楚在他的生日8月13日的那一天突然戒了菸。在此之前，這簡直不可想像。此舉源於美國的一次新的謀殺計畫。中情局千方百計收買了一個有機會接近卡斯楚的人，讓他在卡斯楚的住處偷偷放了一盒雪茄。這雪茄含有劇毒，可以在幾個小時內致人於死。可是，這盒雪茄偏偏不討卡斯楚的喜歡。中情局的美夢再一次破滅。

中情局看到政務繁忙、日夜操勞的卡斯楚身體如此健康，精力如此充沛，不知其中有何訣竅。於是，下令特工對卡斯楚的吃喝拉撒、日常活動和興趣愛好都全力收集。然而，中情局大失所望。卡斯楚並沒有吃什麼靈丹妙藥。不過，他喜歡去海邊游泳。這引起中情局的注意，認為可以從中找到動手的良機。

中情局想出的計謀是：把剛剛研製出的一種真菌塗在潛水服上，尋機送給卡斯楚。這種真菌感染後，皮膚會慢慢爛掉，最後引發多種疾病而導致死亡。

美國傭兵入侵吉隆灘的計畫被粉碎之後，中情局把著名律師詹姆斯．多諾萬派到古巴，與古巴當局談判釋放被俘的美國傭兵。中情局要多諾萬把一件塗有真菌的潛水服作為「禮物」，送給卡斯楚。可是，這位不知內情的律師認為這件禮品「太輕了」，便自作主張，在商店裡另買了一套更貴重的潛水服。中情局的計畫又落空了。

陰謀屢屢失敗，中情局無奈中決定施展美人計。一位古巴姑娘被相中，由中情局進行了一年半的強化訓練。一九六五年，她化名「巴蒂」，同15名殺手一起潛入古巴。巴蒂打入文藝界，很快嶄露頭角。一九六六年1月1日古巴國慶前夕，巴蒂通過關係，弄到了卡斯楚參加國慶活動的具體安排，策劃在卡斯楚同廣場上的青年握手交談時，由她和兩位化裝成「記者」的殺手用無聲手槍同時向他射擊。

然而，中情局又失算了。巴蒂在與卡斯楚多次接觸之後，看法和信念發生了巨大的變化。「無巧不成書。」為了打擊古巴的經濟支柱旅遊業，美國當局策動間諜在哈瓦那的旅館、酒店製造了一系列爆炸事件。國慶前夕，哈瓦那科希巴酒店發生了大爆炸，造成6死8傷的慘劇，死亡者中就有巴蒂的弟弟和妹妹。痛苦萬狀的巴蒂經過激烈的心理鬥爭，在國慶節前一天，主動向古巴安全部門自首。

按照巴蒂提供的情報，古巴安全部門一舉逮捕了執行暗殺計畫的中情局特工。很快，安全部門又破獲了另一個間諜網。

美國中情局長哀歎道：「幾年心血，毀於一旦！」

一九九八年，伊比利亞美洲國家首腦會議在委內瑞拉召開，卡斯楚應邀出席。流亡美國和其它地方的古巴反卡斯楚分子以為下手的時機已到。在瓜地馬拉，一個名叫波薩達的人與美籍古巴商人阿爾瓦拉茲的兩個雇員祕密策劃在首腦會議期間幹掉卡斯楚。阿爾瓦拉茲發覺了這個陰謀，立即報告了瓜地馬拉情報當局，並請其轉告委內瑞拉情報部門和美國聯邦調查局。

委內瑞拉獲得這一情報，迅速在會場內外搜查爆炸物，並對熟悉委內瑞拉情況的危險人物採取了各種防範措施。美國聯邦調查局對此則無動於衷。

會議開幕前夕，美國海岸警衛隊在波多黎各海岸攔截到一艘偷載武器的四人小艇。船主阿爾方索曾在古巴被監禁了19年。他承認，他這次是前去「暗殺卡斯楚」。經查證，這艘小艇屬於古巴流亡集團「古美全國基金會」所有，船上的槍支也是基金會前主席所供應。由於委內瑞拉採取了有力的措施，偷帶武器的小艇又被截獲，這兩起暗殺計畫均未得逞。

哈瓦那有一家博物館，曾專門展出過國內外敵對分子意圖暗殺古巴領導人的種種計畫。卡斯楚本人曾說，他在各國領導人中是遭受暗殺威脅次數最多的一個，保證可以拿到「冠軍」獎杯的。有一次，在接受記者採訪時，他相當幽默地說：「我還活著！錯不在我，而在美國中央情報局。」

50年來，卡斯楚一次又一次粉碎了西方勢力的各種陰謀和挑釁。有關他的故事真是太多了。最精彩的是——

公元二千年，聯合國在紐約召開千年各國首腦大會之際，卡斯楚宣布將親赴美國參加。這下讓美國犯了難：死對頭送上門，正好可以下手。但人家是聯合國的貴賓，在國際會議期間怎敢造次。不讓他入境，又找不到藉口。再三斟酌之下，遲至會議召開前一天，美國有關當局才發給卡斯楚簽證。卡斯楚到了美國之後，馬上刮起一陣「古巴旋風」。他在聯合國大會上發表完演講，正巧與柯林頓打了個照面。然後，他馬上趕到紐約一個拉美裔萬人群眾集會上，強烈抨擊美國的霸權政策，公開與美國政府叫板！弄得美國在自己地盤，被搞得灰頭土臉。

12 知進退之道得保全百年身

功臣最忌諱留戀權位。抱著僥倖的心理，企圖求得在皇上手裡取得一份權力，不及時徹底抽身，等到災難臨頭，一切就晚了。明朝開國皇帝朱元璋殺了大量功臣，但有一個湯和卻倖存下來，原因就是湯和在朱元璋拿他開刀之前，及時徹底地辭官歸鄉，保住了一條命。

朱元璋很喜歡看書，一有空就要摸出一本書來讀。他讀書不是為了消遣，而是為了從中找出教訓，得出謀略。

這一天，朱元璋又抽空拿起一本書翻閱。這書講的是西漢的故事，正是他最喜歡看的。他一直不忘學習劉邦的行事作風。他翻開書本，一頁一頁地往下看。看了數頁，忽然停了下來，目不轉睛地盯住書上的一段話沈思起來。那段話寫道：「狡兔死，走狗烹；高鳥盡，良弓藏；敵國破，謀臣亡。」這是韓信所發的牢騷，並不是什麼好話。但朱元璋很欣賞。他尋思：這話有道理呀！天下的飛鳥已經打盡了，還要那良弓幹啥？山上的野兔都死了，還要那好獵狗何用？敵國已破，還要那些謀臣勇將幹什麼?他猛地合上書，站了起來，口裡喃喃言道：「這個韓信，還發牢騷哩!沛公做的事，別人看不出，我可明白呀!他做得很對!」

正在這時，有人在外稟報：「萬歲，臣下恭賀陛下龍體康健。」

他一聽，是湯和的聲音，連忙合上書，說道：「是湯愛卿嗎?快點進來。」

湯和走了進來，又連忙磕頭，口呼萬歲。

湯和早在朱元璋之先就投奔了郭子興，參加了紅巾軍。朱元璋投奔郭子興，正是湯和串連的結果。後來，湯和跟著朱元璋打滁州，取和州，攻集慶，和徐達一道攻打鎮江，很快被升為統軍元帥。其後又與張士誠多次交戰，屢建奇功，身任要職。朱元璋做了皇帝，他仍然帶兵南征北討。因為他的功勞很大，受封中山侯，歲祿一千五百石。之後，又拜征西將軍、征虜將軍等職，一直兵權在握，成為朝中赫赫有名的宿將功臣。

且說湯和見了朱元璋，連忙磕頭，口呼萬歲。朱元璋笑呵呵地說：「行了行了!想當年，你我同一鄉里，共過患難，就快坐下來說話吧!」

湯和感激不盡，又磕了頭，嘴裡連連稱謝，方才坐下。

「愛卿此來何事?」朱元璋表面親熱，心裡卻很不高興，暗想：像徐達等那樣的老將都已經死了，就你怎麼還不死?

湯和見朱元璋先問了話，連忙答道：「臣下有一件心思，想要稟報皇上，不知該說不該說？」

「有話就說，」朱元璋耐著性子說：「問什麼該說不該說的！你有啥心思，快說與我聽聽。」

「那就恕臣下直言了。」湯和隨即不緊不慢地稟道：「臣下自從戎以來，跟隨皇上多年，屢受皇上恩德，永生難忘。如今，臣下馬齒徒長，常覺體力不濟，實在不能再負驅策之任了，特來求祈皇上恩允，許臣下告老還鄉。」

原來，湯和是來辦理退休工作的。

那麼，湯和這年有多大年紀？他比朱元璋大三歲，此時剛剛六十出頭。他為啥主動告老？原來他已查覺了朱元璋的心思：不想要他們這些老臣了。特別是徐達的死，使他徹底看得明白。徐達一向對朱元璋忠心耿耿，從沒有一處失過君臣之禮。

徐達死後，湯和就一直在想：以徐將軍那樣忠誠謹慎，尚且不免被殺，何況是我湯和？他知道自己與徐達相比，那是差得太多了。論功勞，不如徐達高；論與朱元璋的關係，他不如徐達親。自己又因喝醉酒，發過一次牢騷，被朱元璋知道了，朱元璋很不高興；後來又因作戰失利，挨過朱元璋的懲戒。這一切，都使他越想心裡越不安，最後只好決定：放漂亮些，功成身退，以免日後遭到不幸。

湯和講完自己的想法，靜等朱元璋回話。因怕朱元璋由此疑他心存不忠，又連忙跪下，把頭低著，心臟可是撲通撲通跳個不止。

「呵，就是這個心思啊！」朱元璋聽了湯和的話，不由得呵呵一笑，心想：好得很！我早就想要你歇住了，正愁著不好開口呢！他忙將湯和叫了起來，順水推舟地說：「你想的也是。打了許多年仗，如今天下太平，你也該去享享福了。你原想在鳳陽要一塊地方，憑你往日的功勞，我明日就叫人撥給你，你就到那裡頭養天年吧！」隨即卻又假心假意地說：「不過，你與我乃是同鄉手足，又跟隨我多年，立了許多功，我哪忘得了你！你一下子走了，真叫我有些捨不得呢！」

湯和明知他這是假意，也不好多說，只答謝道：「皇上的恩德，臣下也是忘不了的。好在鳳陽離京城不遠，往後，臣下常來看望皇上就是了。」

「也好。」朱元璋就勢道：「你要是一定想回去，我也不強留。我再撥些銀兩給你，去好好蓋些房子，也不枉你跟我辛苦了這許多年……」

「謝主龍恩。」就這樣，兩下言定，算是一個主動告老，一個當場批准。最後，湯和再次磕頭，稱謝而去。

不久，朱元璋便傳令下去，在鳳陽賜給湯和一大片土地，並撥了許多銀子，給他建了房邸院落。

ch.3 世事難料，建構思維

1 傑克．威爾奇的領導策略

為了自己的前途和理想，當黑時決不能手軟。在商場上尤其應該注意，不適宜的心慈手軟，毀掉的不僅僅是企業生存和發展的機會，還得賠進自己的信譽和前途。

身為全球經理人之楷模的傑克．韋爾奇是美國通用電氣集團已經退休的CEO，韋爾奇昔日的輝煌和在今天所達到的高度，已成為還在追逐財富的世人所必溫習的職業聖經。

韋爾奇的影響確是令人信服。一九八一年，也就是他成為通用CEO的頭一年，公司收入大約是二百六十八億美元；到了二千年，已將近一千三百億美元。韋爾奇接管通用電氣時，公司市值大約是一百四十億美元；二千年的市值更高達四千九百億美元。通用電氣一躍成為當今世界最有價值的公司。

退休之後，韋爾奇的自傳在動筆之前，就被時代華納公司以七百萬美元的天價購得北美版權，超過了歷史上的所有自傳作者。如今，全球的經理人，包括中國海爾掌門人在內的成功人士，幾乎是人手一冊《傑克．韋爾奇自傳》。

韋爾奇的過人之處到底在哪裡？他的企業至上的信念和果敢行事的作風就是其中之要，主要表現則是他能厚下臉皮，不顧所有人的反對和傳媒的批評，以鐵腕裁撤非必要的部門和員工。

在他接過通用電氣的帥印時，這家已經有一百十七年歷史的公司機構臃腫，等級森嚴，對市場反應遲鈍，在全球競爭中已呈下坡之勢。按照他的理念，在全球競爭激烈的市場中，只有領先對手的企業才能立於不敗之地。他重整企業結構的衡量標準是：這企業能否躋身於同行業的前兩名。即任何事業部門存在的條件必須是在市場上佔「數一數二」的地位，否則就得被砍掉——整頓、關閉或出售。

多年後，韋爾奇為當年的決斷尋找的理論依據是：這是一個越來越充滿競爭性的世界，遊戲規則已發生變化。沒有一家企業能夠成為安全的就業天堂，除非它能在市場競爭中獲勝。他最感自豪的是：「在通用，我不能保證每個人都能終身就業，但能保證讓他們獲得終身的就業能力。」

在管理上，韋爾奇自有他獨特的方法，最著名的莫過於「聚會」、「突擊視察」、「發手寫便條」了。他很懂得「突擊」行動的價值。他每周都突擊視察工廠和辦公室，匆匆安排與比他低好幾級的經理共進午餐，無數次向公司員工突然發出手寫的整潔醒目的便條。所有這一切，都讓屬下員工感受到他的領導威勢。

他十分重視企業領導人的表率作用，總是不失時機地讓人感覺到他的存在。從直接的彙報者到鐘點工，他向幾乎所有員工發出的手寫便條具有很大的影響力。這些便條傳達出親切和自然感。他的筆剛剛放下，便條便通過傳真機，直接發給員工。兩天後，當事人會收到他手寫的原件。這種便條主要是為了鼓勵和鞭策員工，並督促部屬做什麼事。

韋爾奇認為，挑選最好的人才是領導者最重要的職責。他說：「領導者的工作，就是每天把全世界各地最優秀的人才延攬過來。他們必須熱愛自己的員工，擁抱自己的員工，激勵自己的員工。」身為一個過來人，他給公司領導者傳授的用人祕訣是他所自創的「活力曲線」——

一個組織中，必有20％的人最好，70％的人屬中間狀態，10％的人最差。這是一個動態曲線，即每個部分所包含的具體人員一定是不斷變化的。一個合格的領導者，必須隨時掌握那屬於20％和10％者的姓名和職位，以便做出準確的獎懲措施。最好的應該馬上得到激勵或升遷，最差的必須馬上走人。

嚴格淘汰的人才體制是韋爾奇將通用帶入輝煌的新時代，也是通用之所以能成為赫赫有名的「經理人搖籃」、「商界的西點軍校」，能有超過三分之一的CEO都是從這家公司中走出去的主要法寶。

2 要懂得「委曲求全」的真諦

能不能控制自己的情緒非常重要。有兩種情緒很值得發揮，具有神奇的作用：一是眼淚，二是笑臉。

在世人心目中，女人是弱者，女人的哭泣天經地義，眼淚是她們的武器，能化鐵熔鋼。男人愛哭就不多見了。可見人一旦哭起來，威力無比。在關鍵時節哭上一哭，沒有達不成的目的。男人以哭作武器，需要極大的勇氣，必須具有極深的「厚」功。

一張永不疲倦的笑臉，能令人不忍拂逆其心。女人的笑很迷人，男人的笑臉則給人一種安全、自信和平易近人的感覺。要保持一張永不疲倦的笑臉，同樣得有修煉到家的「厚」功。

一個人若能把哭和笑的功夫運用得爐火純青，在這世上可能就沒有辦不到的事了。除此之外，與人應對的情緒應該儘量掩飾在這兩種情緒之下，不要輕易露出來，以免成為別人打擊的有力藉口。

劉備的特長，全在臉皮厚。他依曹操，依呂布，依劉表，依孫權，依袁紹，東竄西走，寄人籬下，恬不為恥，而且生平善哭。創作《三國演義》的人把他寫得惟妙惟肖：遇到不能解決的事，對人痛哭一場，立即轉危為安。所以俗語有云：「劉備的江山是哭出來的。」這也是一個大有本事的英雄，他和曹操，可稱雙絕。當他們煮酒論英雄的時候，一個心子最黑，一個臉皮最厚，一堂對晤，你無奈我何，我無奈你何。環顧袁紹諸人，卑卑不足道。所以曹操說：「天下英雄，惟使君與操耳。」

隨著劉備的三分天下日漸穩固，他哭的次數越來越少。當他率大軍為死去的結義兄弟報仇時，再也不用依附任何人了。看來，當一個人的能力處於劣勢時，委曲求全和忍氣吞聲，必要時的痛哭流涕未嘗不是一種最好的生存和積蓄力量的辦法？

看看另一個例子，也許會更明白劉備的「偉大」之處！

齊欲攻宋。燕昭王派張魁為使，率軍去助齊國。誰知齊王卻因一件小事，把張魁給殺了。燕王得知後非常懊惱，發誓要為張魁報仇，決心攻打齊國。

大臣凡繇聽聞此事，趕緊謁見燕王，勸諫道：「我一向認為您是賢德之君，現在看來，您並非我心目中所仰慕的人。我不願再當您的臣子了。」

昭王急問：「是什麼緣由，讓你說出這番話？」

凡繇回答：「松下之亂，先君被俘，您對此羞愧卻去侍奉齊國，原因在於自己太弱了。現今張魁被齊所殺，您卻欲攻齊，這不是把張魁看得比先君還重嗎？」

王問道：「如此說來，兵不得出。那張魁之死，我們應怎麼辦才好？」

凡繇說：「煩請您穿上喪服，住在郊外，派出使臣訪齊，以客人的身分去謝罪，對齊王說：『大王是賢德之君，這事是我們的過錯。大王心胸寬廣，一定不會殺死諸侯的使臣。現在只有燕王之使被殺，此乃燕國擇人之誤。敝國希望能改換使臣，以表謝罪之意。』」

昭王於是忍聲吞氣，又向齊國派遣了一位使臣。

齊王舉行盛大的宴會。此時，燕使剛好到達齊國，拜見齊王，說：「我們君主非常恐懼，因此派我來向大王請罪。」

齊王聽後，揚揚得意，讓燕使當著各諸侯的使臣又重覆了一遍所說的話，用來炫耀自己的威勢。然後，得意地派了一位官職低微的使臣命燕王返回宮室，以示寬恕。

如果說燕昭王厚著臉皮，低聲下氣地討好齊王，完全是因為燕弱齊強，不得已之所為，還體現不出他的「厚」學功夫，那麼，為了燕國的強大，他不顧一國之尊的身分，討好自己的臣下，其「厚」功之深，就確實令人歎服了。

歷史上的燕昭王，可以說是個相當有作為的君王，他厚臉忍受齊王的羞辱之後，立志重振國勢，報仇雪恥。第一步棋是招攬人才。為此，他特意把郭隗叫來，請其推薦天下賢士。

郭隗說：「您若想招攬天下賢士，應該首先重用國內的賢士，以禮優待。天下人都知道您好賢能，真正的賢人自然會不遠千里，前來投奔。」

昭王問道：「你說的道理我明白。請你說一說，怎麼做？」

郭隗回答：「古時有個國王特別喜愛千里馬，派人到處尋找，許諾只要能找到，就以千金買下。但是，三年過去了，他連一匹千里馬也沒買到。這時，有個人自告奮勇，帶了千金外出買馬。誰知三個月之後，他卻花了五百金買回一具馬骨，向國王交差。國王很生氣，衝著他發了一頓脾氣。買馬人不慌不忙地說了一番道理：『我花五百金買來馬骨，為的是讓天下人都知道您真心愛馬。連死馬都肯付出重金，何況活馬呢！以後不用派人到處尋找，不久即會有人主動把千里馬送來。』果然，不到一年，國王就得到了好幾匹真正的千里馬。現在大王您若真心求賢，不妨也採取千金買馬骨的辦法。可以先從我郭隗開始，把我當成個賢人對待。天下那些真正的賢人見到我這樣不入流的人物竟能受到厚遇，還怕他們不來投奔嗎？」

昭王很贊成郭隗的主張，就尊他為師，給他修建了豪華的住宅，提供優厚的待遇，宴席上請他上座，自己坐在旁邊；外出時甚至親自為他牽馬。又在易山旁邊建了一座高台，裡面堆滿了黃金，以作招待客人的禮物和費用。這台就叫「黃金台」。

這樣一來，燕昭王求賢若渴的美名傳遍各國，各國賢士果然紛紛來投。

過了二十多年，燕國變得十分強盛，國富兵強。於是，昭王派樂毅為帥，出兵攻齊，征戰連勝，直至攻破齊國都成臨淄。齊王狼狽逃竄。要不是後來跑出一個田單，齊國恐怕就被燕國滅掉了。

燕昭王以他的舉動道出了「曲則全，枉則直；窪則盈，敝則新；少則得，多則惑」的厚黑精髓，在厚臉掩護下，發憤圖強，終於洗雪了當年受辱之恥。

3 別為自己挖情緒的陷阱

不善於控制自己的情緒尤其是嘴巴的人，最容易給攻擊自己的對手留下致命的缺口。《厚黑學》告誡世人，切記學會應用厚黑之術以面對世界，別為自己挖情緒的陷阱。在這方面，巴頓的教訓非常深刻。

一九〇九年畢業於美國西點軍校的巴頓將軍，在二戰期間先後率部參加北非登陸戰、西西里島登陸戰、諾曼地登陸、阿登之戰等著名戰役。他是個典型的職業軍人，視作戰為生命，作戰勇猛頑強，指揮果斷，富於進攻精神，善於發揮裝甲兵優勢，實施快速機動和遠距離奔襲，被部下稱為「血膽老將」。特別是他率領的部隊從諾曼地登陸後，橫掃法西斯德軍的陣地，令德軍聞風喪膽，更為世界矚目。

然而，巴頓雖在第二次大戰中立下赫赫戰功，卻因個性獨特，我行我素，口不擇言，不能控制自己的情緒，吃了不少虧。

一九四四年8月，盟軍在諾曼第成功登陸之後兩個月，被德軍阻止在諾曼第的「灌木籬牆」地區，全軍動彈不得。此時，巴頓帶領其第3團軍，一舉突破了死氣沈沈的膠著狀態，揮師圍困了布勒斯特。其後，他說了被後人視為「好戰分子」自供狀的一段著名的話：「與戰爭相比，人類的一切奮鬥都相形見絀！上帝啊！我是多麼熱愛戰爭！」

實際上，離開戰爭，巴頓簡直無法生存，或者說社會環境不允許他生存。他的上司、國內的政治人物和追求人權的社會輿論、議會都容忍不了他的繼續存在。

在戰爭中，儘管巴頓屢屢與上司意見相左，甚至直接頂撞，但只要對戰爭有利，上司也能從大局出發，原諒他、容忍他，因為他在戰場上的勝利就是上司的勝利。

突破萊因河之役，為了加速進攻的步伐，他不惜一切代價，不擇手段，竟授意其下屬冒充兄弟部隊去冒領油料，或是採取偷竊、搶劫的手段，把友軍的油料搞到自己手裡，甚至自己開著只剩最後一點汽油的吉普車，到上司那裡強行加滿油箱。這些越軌行為，無疑使他的上司大為光火，但他用這些非常手段得來的油料打了一個大勝仗，一舉突破了德軍的萊因河防線，然而為美國陸軍爭了光，使那位從骨子裡瞧不起美軍的英國名將蒙哥馬利不得不對美軍刮目相看。

因此，他偷搶油料的行為與他的勝利相比，顯然成了不值一提的「小節」，上司連高興都高興不過來，哪還會計較這些小事呢？

然而，戰爭一結束，巴頓的這些「小節」便赫然成為「大節」。上司豈能容忍這個無法無天的下屬？

戰爭當中，巴頓儘管曾在摩洛哥與法國維琪政權（德納碎控制下的法西斯政府）的人打得火熱，國內的政治人物仍然原諒了他，因為戰爭離不開這員虎將。但是，戰爭結束之後，他們就容忍不了他做出任何與政治利益相悖的行為。

在盟軍完全佔領德國之後，巴頓參加了盟軍的閱兵式。俄軍將領出於對這位美國名將的欽佩，派聯絡官和一名翻譯前來邀請他去飲酒。巴頓卻憤怒地吼道：「告訴那個俄國狗崽子，根據他們在這裡的表現，我把他們當成敵人！我寧願砍掉自己的腦袋，也不同我的敵人去喝酒！」這段話嚇壞了翻譯，他卻命令翻譯一字一句地翻譯過去。這幾乎釀成了一次非常不愉快的外交事件，因為當時美蘇均為同盟國的主力，為了消滅法西斯，羅斯福、史達林、邱吉爾費了九牛二虎之力才結成了同盟，巴頓隨便耍性子，豈不影響政治上的利益？

誰都知道，巴頓常常張口閉口「他媽的」。他曾因打罵兩名士兵，差點受到軍法審判。只因為戰爭需要和上司艾森豪威爾庇護，他才免遭議會那幫無事生非、小題大做者的追究。但是戰爭結束之後，議會只需用一個「人權」的藉口，即可將他打倒在地。這時，他的上司當然也不會為了庇護他而得罪議會了。

在二次大戰的善後工作遠未結束之際，他的上司艾森豪就不得不扔掉這枚「酸果」了。

一貫喜歡直來直去的巴頓「禍從口出」，落入了新聞記者的圈套。在他以第3軍團司令兼駐巴伐利亞軍事長官的身分舉行的一次記者招待會上，他對盟軍的非納粹化計畫提出了非議：「如果軍管政府雇用更多的前納粹黨員參加管理工作，軍管政府會取得更好的效益。」

這樣的言論嚴重損害了盟軍的政治形象和美國的政治利益。事實上，巴頓已任用了至少20名納粹黨員在政府中擔任要職。

以追求轟動效果為己任的記者趁機問道：「將軍，大多數普通的德國人參加納粹黨，難道不就是和美國人參加共和黨與民主黨的情形差不多嗎？」

巴頓不知這是圈套，竟然乖乖地鑽了進去，信口答道：「是的，差不多。」之後，美國及全球許多報紙上出現了一段醒目的大字標題：「一位美國將軍說，納粹黨人就像共和黨人與民主黨人一樣。」

這一來，巴頓把禍闖大了！當時美國執政的是民主黨，你說它與納粹一樣，它豈能容忍？

不過，工於心計的艾森豪威爾還是先給了巴頓一個台階下，沒有馬上解他的職。艾森豪讓他公開收回他上述信口開河的話。巴頓照辦了，但他又畫蛇添足地說了許多為自己辯解的話。他的辯解終於讓艾森豪威爾忍無可忍，在社會輿論和各種政治力量的壓力下，最終採取了果斷措施，免去他第3軍團司令和駐巴伐利亞軍事長官之職，改任他為有名無實的第15軍團司令。這是一個空架子的軍團和空頭司令，他的任務只是帶一些參謀和文職人員整理二戰歐洲部分的軍事史罷了。

在離開生死與共，前此橫掃歐洲的第3軍團時，身經百戰，出生入死不眨眼的巴頓淚水漣漣，哽咽得說不出話，好不容易才念完他那十分簡短的告別演說。

巴頓自此從精神上崩潰了。他心中憤憤不平，表面上卻玩世不恭。他用打獵之類的消遣麻醉自己，以撫平心頭的傷痕。一九四五年底，在曼海姆附近，他駕駛的轎車與一輛軍用卡車相撞。他受了重傷，頸部折斷，頸以下全部癱瘓。同年12月21日，他在海德堡的一所醫院裡溘然逝去。

大多數人都有過像巴頓一樣受累於情緒的經歷，也都懂得必須善加控制的道理。但遇到具體問題，總是故疾重患，只能自我排解：「控制情緒實在太難了！」別小看這種自我否定的話。這是一種嚴重的不良暗示，它的威力強到可以毀滅你的意志，使你喪失戰勝自我的決心。

其實，控制自己就是磨練自己的厚黑能力，培養自己的忍耐力。當你認識到憤怒是自己厚學根基不深的一種表現時，你便能不理會別人的言行，大膽地選擇精神愉快，而不是憤怒。

如果有人向你挑釁，你就拿出自己的厚黑本領，心平氣和地退一步，讓他灰溜溜地從你的眼前消失掉。

當你已經被捲入衝突，不要和對方一來一往的答辯，最有效的辦法就是用厚學功夫保持自己的平靜，認真思考解決的方法。

遭到打擊，將要被激怒時，你要想想李宗吾大師的教誨，立馬換上一副笑臉，面對打擊你的對手。微笑、微笑、再微笑！

4 學會對症下藥，不必事事躬親

三國後期，曹操、劉備、孫權相繼死去，司馬氏父子乘時而起。司馬懿受了曹、劉諸人的陶鑄，集厚黑之大成，能夠欺人家寡婦孤兒，心子之黑與曹操一樣，能夠受巾幗之辱，臉皮之厚，還更甚於劉備。所以，天下就不得不統一於司馬氏了。這是「事有必至，理有固然。」

厚黑兼備者，不論做什麼事，只要施展出自己的本領，就可得到豐厚的回報。呂不韋為了自己的政治野心，將懷上自己骨肉的妻子慷慨地送給把他當好朋友看待，當時在趙國為質的秦公子異人為妻，不僅自己撈著丞相的位子坐了，而且讓自己的兒子成了中國歷史上的第一個皇帝，欺瞞了當時的天下人，包括對他信任備至的秦莊襄王（就是那個異人）。

封建社會第一個中央集權王朝的創立者始皇帝嬴政滅六國，統一天下；改文字，興小篆，換錢幣，通用圓形方孔錢；焚書坑儒，威風凜凜，殺氣騰騰，叱吒風雲，好不威武。但據有關史書記載，這位風流人物並非地地道道的「龍種」。他不是秦莊襄王的骨血，而是商人呂不韋的兒子。

呂不韋很早就開始行商。由於精明靈活，善於權變，處理事情往往適時得當，而且善於駕馭時候，抓得住機遇，故而總是獲利豐厚，積聚了富可敵國的財富。

呂不韋並不滿足於豐厚的獲利。原來自他開始經商起，就暗暗下定決心，要從事政治。他認為，要從政，必須有足夠的財富。沒有錢，就不可能被人看重，也就不可能有機會接觸高層人物，從政便只能是白日做夢。為此，他才開始經商。

經商使他積聚了一定的資財，他便開始努力接近執政者。他拿出一部分資財，送給當政者，以期受到賞識。但事情並不像他一開始想的那麼簡單，他送出的錢財竟如肉包子打狗——有去無回，執政者並未因此賞識他。

見奉送財物的方法見效不大，呂不韋心中有些著急，卻又一時想不出更好的主意。他的小妾見丈夫每天愁眉不展，總是在屋中踱步不止，便關切地問道：「夫君，為何事竟這般愁苦，可否道予知曉？」

呂不韋抬眼看著愛妾，眼睛一亮，但立即又黯淡下去，低下頭。他瞥妻子日漸隆起的腹部，不覺長歎一聲：「唉！我呂不韋時運不濟，有志難發，枉有從政之心，卻無門可進呀！」

小妾忙問：「夫君，你出此言？」

呂不韋望著愛妾說：「你哪知道，我自從長大成人，便立志從政。本以為經商獲利後，便可以錢財為跳板，跳入政治圈內。誰料，前些日送給他們財物，卻並不見他們重視我。想是此路不通，豈非枉存從政之志？」

小妾聽完，為丈夫擔憂，卻又不知如何是好：「這麼說，毫無辦法了嗎？」

呂不韋長歎一聲，深情地望著愛妾的臉，又低頭望望她的腹部，悠悠地說：「辦法是有，只是……」

他的愛妾忽地明白了，淚水刷地湧出眶外，撲跪在呂不韋腿旁，低聲啜泣。呂不韋伏身將愛妾擁在懷中，撫摸著她。

小妾哭了一會，流著淚問道：「夫君，難道真的只有這個辦法嗎？」

呂不韋用手抹去她臉上的淚水，長歎一聲，說：「恐怕誰有此途啦！」

小妾伏跪在地，嚶嚶泣道：「既是這樣，妾身惟夫君之命是從。只要對夫君前途有利，妾毫無怨言！」說完，她哭著爬起身，捂著臉跑進房中。

後來，呂不韋便將懷了孕的小妾送給秦異人，這便是趙姬。秦異人後來回國即位，成了莊襄王，趙姬深受寵愛。秦莊襄王很快便封呂不韋為相，主持國政。不久，趙姬生下一子，叫嬴政，也就是日後統一中國的千古一帝秦始皇。

5 當斷則斷，免生遺憾

古人云：「量小非君子，無毒不丈夫。」成就非凡的英雄人物無不深諳此道，決不會因為一時的海誓山盟和親朋好友而淡漠自己追求的人生與格局的大理想，怠慢腳步。在國家、民族、家園或以大局為重的鮮亮旗幟下，他們可以背信棄義於過去的海誓山盟，恩將仇報於自己的父母、兄弟姐妹、同患難的親朋好友，甚至昔日的救命恩人。為了大格局，為了自己的生存和前途，在關鍵時刻，他們也會充分展現自己的厚黑天性。

立身行世，務必謹慎。對待惡人，大可不擇手段，而且謹記除惡務盡。

大奸董卓被誅，其義子呂布東奔西竄，到處尋找容身之地。曹操知道呂布武功高強，不能輕易動他，便先採用了以厚為主的籠絡政策，委任他為左將軍。呂布十分歡喜，命令自己的部將陳珪的兒子陳登帶著他的謝表，到許都向朝廷謝恩。

手持呂布謝表的陳登到了朝廷之後，對丞相曹操說：「呂布有勇無謀，反覆無常，四處作惡，越早除掉他越好，丞相卻為何反倒任命他為左將軍？」

曹操回答：「呂布狼子野心，我早就知道他靠不住。可除掉他的機會未到，還得先安撫他。經你這麼一說，我心裡更有底了。我給令尊陳珪升祿至二千石，讓他留在呂布身邊，作為未來除掉呂布的『內應』……另外，任你為廣陵（今江蘇揚州）太守。呂布的勢力如今主要就在那一帶，以後就全靠你父子二人合力除掉他了。」

呂布的部隊活躍於東方一帶。他本想當徐州牧，好憑藉豐饒富足的徐州，穩固自己的根基，擴大自己的實力。但是，曹操沒有如他所願。

呂布對已任廣陵太守的陳登說：「由於令尊陳珪勸說，我同袁術決裂，與曹操合作。如今可好，我要個徐州牧，曹操卻不給，你父子倆倒是得了許多實惠。依你看，我應該怎麼辦？」

陳登回道：「你是左將軍，我只是個廣陵太守，我在你下邊，能怎麼樣？我見到曹公時，勸他說，對待呂將軍應當如同飼養一隻老虎，讓你吃飽了肉，否則你會吃人。但曹公不同意。曹公說，恰恰相反，對待呂將軍要像飼養老鷹一樣，讓你餓著。鷹只有在肚子餓的時候，才會替主人捕兔子；一旦吃飽了，就會遠走高飛。所以，曹公不肯任命你為徐州牧。對此，我又能有什麼辦法呢？」

就這樣，呂布被激怒了，舉起「反」旗。於是，曹操親領大軍，將呂布圍困在下邳（今江蘇睢寧）。此時，劉備因別無存身之處，暫時投到曹操手下。曹操原先揣想劉備是未來爭奪天下的強勁對手，曾經故意試探。劉備當時嚇得掉了筷子……可巧天上響起了驚雷，他假稱被雷嚇跌了筷子，掩飾過去……曹操於是暫時收起了誅殺劉備的念頭。此次，他帶同劉備，一齊攻打呂布，目的還是試探劉備的用心。

呂布既沒有曹操的黑心，又未具備劉備的厚臉皮，豈是厚黑大家曹操的對手。他在下邳走投無路，只好投降。

他對曹操說：「從今天起，天下穩定了。」

曹操問道：「你這話是什麼意思？」

呂布回道：「曹公最擔心的不就是我呂布嗎？如今我投降於你，你若讓我統領騎兵，你自己統領步兵，我們一起幹，天下還有什麼事辦不好呢？」

曹操轉身問劉備：「呂布是一隻老虎，我可以放了他嗎？」

劉備回道：「千萬放不得呂布。你忘了他是怎麼對待他的『義父』董卓了嗎？」

呂布一聽，破口大罵：「大耳賊，你心真毒呀！」

劉備耳垂特大，有「兩耳垂肩」之說，故爾呂布罵他「大耳賊」。

曹操大笑道：「哈哈！玄德有何毒？天下首害是董卓，次害是你呂布。董卓叫你殺了，你自己成了天下首害，我能讓你再逍遙嗎？聽我將令：縊殺逆賊呂布！」

就這樣，驍勇異常的呂布便死在曹劉這兩個厚黑大家手下。

6 過河拆橋，古今皆然

晚清歷史上最大的事件莫過於洪秀全領導的太平天國起義。太平天國起事於道光三十年，經過整整一個咸豐朝十一年，直到同治三年才被剿滅，前後歷十五個年頭。太平天國攻佔金陵（今南京）長達十四年之久。

咸豐曾經當著滿朝文武的面宣布：「朕將對攻下金陵長毛賊者賜予重賞。凡攻下金陵者，不論滿人、漢人，一律封王……以示褒獎。」

皇帝金口玉言，說了話就不能更改。曾國藩的九弟曾國荃圍住金陵幾個月，一場瘟疫，死去上萬名湘軍官兵，但他誓死不離開金陵半步。其目的就是要佔據金陵周邊的有利地形，以待他日第一個攻進金陵後封得王位。當然，他也知道，封王是他大哥曾國藩的事。但哥哥若封了王，弟弟自然也跟著沾光……

曾國荃終於如願以償，他率領的湘軍首先攻入金陵。其後，他天天盼著皇上「封王」的詔書。同治三年六月二十五日拜發攻下金陵，搗滅長毛老巢的奏摺。此摺為六百里加急，一天行六百里，五天可到達北京。皇太后、皇上接到這份捷報，必定龍顏大喜，會立即下達封賞上諭，再傳回來，又是一天行六百里，到達金陵也只五天。朝廷的商量以及路上不可預計的耽擱，就打它費去三天時間，七月初六日也該到了……

到了初十，上諭還沒來。這是什麼原因呢？曾國荃心急如焚，去問曾國藩：「大哥，該不會皇上的金口玉言也不作數吧？」

曾國藩國道：「為臣盡忠，怎可揣摩皇上的聖意？」

曾國藩雖然喝斥自己的弟弟，他的心裡卻也在犯嘀咕：「皇上的封賞遲遲未到，該不會是出了什麼意外吧？」

皇上的主義卻當真變了。朝廷獎勵的上諭終於來了，不過，只將曾國藩賜封一等侯爵，加恩賞太子太保銜，也襲罔替，並賞戴雙眼花翎。

曾國荃，指揮湘軍殺進金陵的幹將，只封了個一等伯爵。

曾國荃一下子泄了氣，私下發牢騷：「原來聖上的金口玉言也不管用！」

曾國藩一聽，馬上把他罵了一頓，叫他以「有病告假歸籍」為詞請辭，回湖南湘鄉縣的故鄉去了。

可見，皇上許的願也是靠不住的。試想，內外有別，怎麼能封異姓為王呢？清朝初期，為了迅速統一全國，封過三個異姓王，即平西王吳三桂、靖南王耿精忠、平南王尚可喜。後來，康熙將三藩削平。自那以後，「異姓人不封王」已成了滿清的祖制。咸豐說攻克金陵之人不論是滿人、漢人，一律封王，怎麼可能做到呢？無非是當時吊吊眾漢臣的胃口罷了。現在太平天國叛亂平定了，朝廷寧可厚下臉皮，讓人說三道四，也不可能實踐諾言，封漢人為王。

俗話說：「非常之時，定有非常之賞。」打天下時，空頭支票開多少都沒錯。等人家拼了命為你打下江山，支票是否真的兌現，就得看當時的具體情況而行了。不想兌現時，千萬要把臉皮磨厚，甭管任何人心裡想什麼，一定要黑下心來悔約！

在今天的商場上，一同打「江山」，未能同享「富貴」的事例太多了。朋友之間、兄弟之間、夫妻之間、父子之間，在創業伊始，都能夠齊心協力，同甘苦，共患難。可是，一旦企業有了規模，勾心鬥角的事層出不窮，直到整垮企業為止。所以，企業的掌舵人也應該好好地學一學立身行世面厚心黑的權術。為了企業的命運，不妨使些劉邦等人的手段，以保證企業的生命力歷久常青。

7 別養吃人的狼在身邊

有兩類人很可怕，近不得：一類是為了日後的野心，深深藏起自己的狐狸尾巴，極盡奉承之能事，以討主子歡心，一旦爬到有利的地位，便開始興風作浪，害國害民，為禍一方，甚至取主人而代之。另一類人像狼，養不熟，為了投靠新主子，可以毫不手軟地提著舊主子的腦袋去向新主子討賞。沒有一身厚黑學的功夫，這兩種人的臉子之厚、心子之黑，是不易看穿的，常常會著了他們的道。

管仲，字夷吾，潁縣（今屬安徽）人。他少年時極其貧窮，後來當了齊桓公的宰相。齊桓公九合諸侯，一匡天下，管仲是他的主要謀臣，起了決定性的作用。管仲具有敏銳的透視力，看人很準。由於他的輔佐，使桓公在春秋時代首先稱霸。

齊桓公四十一年，管仲病重將死。桓公問道：「你死之後，群臣裡誰可為相？」

管仲反問：「知臣莫若君，大王自己認為如何？」

桓公回答：「易牙最愛寡人。見寡人病了，郎中說要吃小孩子的肉才能治好，他二話不說，把自己的兒子殺了，熬湯給寡人喝，果然就把寡人的病治好了。易牙可以為相！」

管仲搖搖頭：「疼愛兒子是人之常情。易牙為了治好大王的病，竟然將兒子殺了，給大王吃。一個對兒子都能下毒手的人，哪談得上愛國君。他不行！」

桓公再問：「開方為了寡人，棄他的祖國衛國來投，對齊國真是忠心耿耿。他可以為相！」

管仲又搖搖頭：「開方原是衛國的公子，他背棄父母之邦，到齊國來，圖的是個人的發展。這樣的人一心只為自己，他怎麼能當相國？連接近都不要接近！」

桓公又答：「豎刁為了寡人，把自己都閹割了。這樣忠心不二的人，總可以讓他當相國了吧？」

管仲仍然搖搖頭：「世上的人誰不愛惜自己的身體？豎刁為了接近大王，進皇宮，竟然連自己的身體都不愛惜，將自己閹割了，日後一旦有了需要，又怎能保證他不對大王動刀呢？這樣的人更不可為相！」

後來，管仲死了，齊桓公沒有聽從他臨終前的勸誡，把朝政大權委託給了易牙、開方、豎刁等人。結果他們潛藏的野心一下子爆發出來，各自拉幫結派，把朝政搞得一團糟，並唆使桓公的幾個公子之間互相爭權奪利。結果，桓公死後，幾個公子互相攻擊，根本不理父王的喪事。死屍在床上停了六十七天竟無人收殮，滋生的蛆蟲一直爬到宮門之外。齊桓公到後來沒有察人用人的本事，也不善於聽從賢良大臣的意見，結果死不得安生。

晚清重臣李鴻章可能有各種各樣的短處，但他有一條很大的長處，那就是善於識人並能洞察人心。

李鴻章，安徽合肥人。他很早就跟隨曾國藩，把曾國藩視為恩師，跟隨曾國藩的湘軍進剿太天軍。後來，在曾國藩極力推動下，他出面組建由安徽籍人才構成的淮軍，作為湘軍的輔助，配合曾國藩打太平軍。

淮軍圍了蘇州城幾個月，屢攻不下。李鴻章想到了從太平軍內部收買叛徒這樣一條策略。

起初據守蘇州的太平天國將領是忠王李秀成。李秀成被洪秀全調回天京（即南京）之後，蘇州交給了慕王譚紹光及郜永寬、汪安鈞、伍貴丈、周文佳等八個王。大軍由譚紹光指揮。

為了抵禦清軍的圍攻，譚紹光召集部將開會，討論敵我兩軍的攻守之勢。

郜永寬率先發言：「打下去必死，不如早找退路！」

譚紹光質問：「難道你想叛變投敵？」

伍貴丈、周文佳等人一齊說：「實話告訴你，七天前，我們八個人就已決意投誠，並且在陽澄湖上見到了李鴻章大帥。他除了答應不殺我們之外，還許諾給我們官做。慕王，你就與我們一起投降吧！」

譚紹光喝罵道：「我生是天國的人，死是天國的鬼，豈能與你們這班鼠輩為伍，玷污了我的一世清白！」

於是，郜永寬、伍貴丈等八個人一齊動手，把譚紹光殺了，將他的人頭懸在蘇州城樓上，以歡迎李鴻章的淮軍進城。

待李鴻章領兵進入蘇州城，卻下令將郜永寬等八個叛王抓了起來，斥道：「你們八人真是豬狗不如！你們今天可以殺死你們的主帥譚紹光，投降我李鴻章，難保有一天你們不殺了我，去投別人。你們是小人、叛徒！比起你們，譚紹光強多了！」隨又命令將譚紹光的人頭從城樓上取下，縫合到他的屍體上，為他厚葬；再將殺害他的八個叛徒斬首，在他的靈前祭奠。

8 多一事不如少一事

在封建社會，「踢皮球」絕技曾經大行其道。這種法子不知為多少人保住了烏紗帽。厚黑大師李宗吾為這種方法取了一個絕妙的名字，叫「鋸箭法」。這名字來自一個故事：有人中了箭，請外科醫生治療。醫生將箭桿鋸了，即索謝禮。問他為什麼不把箭頭取出？他說：那是內科的事，你去尋內科好了。

在很長的時期內，封建衙門辦事，基本上都是用這種方法。譬如批呈詞：「據呈某某等情，實屬不合已極，仰候令飭該縣知事查明嚴辦。」「不合已極」四個字是鋸箭桿，「該知事」是內科。抑或批曰：「仰候轉呈上峰核辦。」那「上峰」就是內科。又如有人求我辦一件事。我說：「這事我很贊成，但是，還要同某人商量。」「我贊成」三字是鋸箭桿，「某人」是內科。又或說：「我先把某部分辦了，其餘的以後辦。」「先辦」是鋸箭桿，「以後」是內科。

此外，有只鋸箭桿，並不命其尋找內科的，也有連箭桿都不鋸，命其徑尋內科的。種種不同，細參自悟。

現在這種辦法雖不如以前暢行了，但在許多事關是非或重大問題上，許多人仍是心照不宣地運用之以明哲保身。在一些特殊環境下，這種辦法確可起到保護自己，伺機打擊對手的妙用。

被譽為「清代第一才子」的紀曉嵐學養精深，曾任《四庫全書》總主編。他在福建擔任學政的兩年間，納了一個名叫黃東籬的小侍妾。這小侍妾的父親自然便是他的岳丈大人。這岳丈大人名叫黃任，原是廣東四會縣的知縣。可他在縣令任上不好好當官，更不好好審案，成天只關心他那些收藏的石硯。為此，人們都不喊他的人名官名，只以「黃硯公」相稱；在他背後，有些人更譏罵他為「硯癡」。

有一次，「硯癡」正在大廳上審案，突然大喊起來：「哎呀！我的龍尾硯在那裡哭叫了：『賜我以水，潤我以龍；乾枯苦澀，龍何以生！』對不起，我要去給龍尾硯灑水。」就這樣，他竟丟下一干犯人、證人，一個人起身走了。

試問：有誰見過這樣子的知縣大人？

後來，黃任就因此癖被言官參劾，說他：「愛硯成癡，耽硯誤政。」結果，他慘被革職，回到福建老家。

黃任有一個寵愛的侍妾，名叫朱玉。他罷官回家，朱玉也隨他回到福建永福。

黃硯公回到家鄉，更是誰也管不了，比當知縣時更迷糊，其「硯癡」的名聲也更響了，甚至可與宋代的書法聖手米芾相媲美。米芾善於狂草，醉酒時更寫得來神。所以，當時人說：「要叫米芾給你寫字，你先得讓他醉得暈暈乎乎，那時候寫出來的『醉書』最具風趣！」

可是，這時離宋代已好幾百年，在福建沿海一帶，知道大書法家米芾的人不是很多。但一說起「硯癡」，則是人人皆知。

紀曉嵐在福建所納的小妾，就是「硯癡」黃任與愛妾朱玉所生的女兒。

他一到福建省會榕城（今福州），就被黃任接到遠郊的家裡做客。

此時黃任已是白髮蒼蒼的老人。罷官而歸，近三十年了，哪能不老？他以一個山間老翁的身分，倚門拱手歡迎紀曉嵐，說道：「硯癡老朽，喜迎學政，還望能有親切之敘談。」

紀曉嵐本人也是一個至愛石硯的文人雅士。他說：「愛硯何癡？試問文人雅士，誰能離開得了文房四寶？文房四寶又豈能缺了硯臺？本官倒與硯公同病相憐，也是愛硯成癡。只是，硯公老家不是在永福嗎？」

黃任回道：「永福也算是榕城近郊，老朽嫌它難走，乾脆搬到這裡定居了。這種茅棚說蓋就有，要有個家，太容易了。」

紀曉嵐於是隨著黃任進了他的藏硯內。裡邊大大小小硯臺有一百多方，各種形狀都有。紀曉嵐一邊參觀，一邊問道：「硯公，傳說你曾在審案之時，突然想起要去給硯臺灑水，把個案子擺在一邊。我想，不至於如此吧？」

黃任回答：「紀曉嵐畢竟非同凡響，叫你看出了一些苗頭。你且說說，當年陶淵明是怎樣丟掉了彭澤縣令？」

紀曉嵐笑道：「果然其中有因。我早已揣測，黃硯公豈是等閒之人！官居知縣，有些案審不明白，更多的是不能審問明白，免得牽扯出案件背後的大人物。於是假借癡迷石硯為名，乾脆避而不審，卻被人傳得面目全非。硯公在『硯癡』的掩護下，倒是過得很是自在逍遙吧！」

黃任也含笑相應：「老朽退居林下三十年，你第一個猜透了我甘心棄官家居的真相。紀大人的確聰明無比！」

就是在這次晤談之後，黃任將愛女黃東籬許與紀曉嵐為妾。自然，「黃東籬」這名字就是黃任借擬晉朝陶淵明詩句「采菊東籬下，悠然見南山」，給女兒所取。

這裡還有一段黃任以「硯癡」作掩護，幫助紀曉嵐破案的真實故事。事由是總督端蓋山娶了一個可做自己孫女的何水蓮為妾。何水蓮的兩個哥哥何洪順、何洪貴二人搶劫了商人袁志材的二百兩紋銀，被當時的地保劉福和當場人贓俱獲。端蓋山為了私情，竟反誣袁志材、劉福和是盜賊，不僅將真正的盜犯何洪順、何洪貴二人放掉，還把袁志材、劉福和打進了死牢。

為了保護自己的大舅子，端蓋山利用總督的特權，制止紀曉嵐取證。為此，紀曉嵐一直沒法將真正的盜犯何洪順、何洪貴二人繩之以法。

這時，黃任就憑藉「硯癡」之名掩護，趁著誰也不注意防範他，察出了真情，幫助紀曉嵐破了此案。

在一個漆黑的夜裡，突然狂風大作，吹得黃任的茅草屋屋頂搖搖欲墜。這時，有兩個黑影放火燒他的茅屋。茅屋不經燒，轉眼就化為灰燼。兩個放火賊很快被捉。原來，正是何洪順、何洪貴兩個盜犯。

紀曉嵐陪著愛妾黃東籬到了火場，發現黃任與朱玉均已被燒死。黃東籬哭得死去活來。經過搜查，在黃任夫妻屍體下面找到一塊石碑，上面黃任刻著遺囑，說明他們希望藉由自己的死，協助紀曉嵐抓出藏在盜犯身後的總督端蓋山。當然，何洪順、何洪貴兩人來放火燒屋，也是黃任的故意招引而來。於是真相大白：真正的盜犯何洪順、何洪貴伏誅。站在他們身後，縱盜誣良的總督端蓋山被押赴京，交皇上發落。

9 司馬光與太皇太后合演「補鍋戲」

「補鍋法」是李宗吾總結的故事二妙法之一。他說：做飯的鍋漏了，請補鍋匠來補。補鍋匠一面用鐵片刮鍋底煤煙，一面對主人說：「請點火來，我燒煙。」他乘著主人轉背的時候，用鐵錘在鍋上輕輕地敲幾下，那裂痕就增長了許多。及主人轉來，他指與主人看，說道：「你這鍋裂痕很長，上面油膩了，看不見，我把鍋煙刮開，就現出來了，非多補幾個釘子不可。」主人埋頭一看，很驚異地說，「不錯！不錯！今天不遇著你，這鍋子恐怕不能用了！」及至補好，主人與補鍋匠皆大歡超而散。

可以靈活運用「鋸箭法」和「補禍法」的地方很多，效果也很有奇效。

提起宋代名匠司馬光，人們腦海裡馬上會浮現出一個聰明的小孩「砸缸救人」的場面：司馬光兒時，在一場遊戲中，一個夥伴掉進了儲水的大缸。別的孩子都嚇得哭哭啼啼地跑開了，惟有司馬光不慌不忙地拿起一塊大石頭，把大水缸砸爛了。水從爛眼裡漏出，掉在缸裡的孩子由此得救。司馬光小時候這一智慧之行一直留傳至今，成了少兒教育的好素材。

司馬光不僅小時候聰明機智，長大後更是一個精通立身行世厚黑之道的高手。特別是他與太皇太后運用「鋸箭法」與「補鍋法」合演的一齣好戲，更是突顯其功法之高，令世人大為讚歎。

司馬光在朝廷為官數十年，清正廉明，滿身正氣，一腔忠心。他曾做到宰相的高位。但因他不滿王安石過於激烈的變法行動，被攆出了朝廷。此時，他在當時的陪都河南洛陽修撰《資治通鑑》，一修就是十多年，直到把這部煌煌巨著貢獻於世。

《資治通鑑》一問世，恰逢宋神宗趙頊駕崩，由一個幾歲的小太子繼位登基，新皇帝的祖母太皇太后代攝國政，但朝廷大權掌握在奸臣蔡確手中。太皇太后想叫司馬光回朝當宰相，以取代奸相蔡確。司馬光卻不想捲入這個權力的角逐場。於是展開了一場有趣的「推」、「拉」大戰。

神宗駕崩的消息很快從都城汴京（河南開封）傳到了洛陽。洛陽因是陪都，住了許多年老致仕的一二品重臣，他們紛紛前來邀請司馬光同去汴京吊唁。

司馬光叫老家丁呂良擋駕，告曰：「大先生（司馬光）臥病不起，請諸位大人見諒！」這表明司馬光對朝政已徹底灰心。

突然，皇宮內侍梁惟簡來了。司馬光再不能推辭，將他引進內室。兩人本是老熟人，談話很隨便。但梁惟簡多餘的話不說，只遞給司馬光一封太皇太后的手諭：「我朝家不幸，大行過早升遐。嗣君年幼，哀家同攝國政。君實（司馬光字君實）歷事累朝，忠節亮顯，有期重返京闕，輔孤不逮，幸勿推辭……昔日朝廷有負於君實，君實積年勵志，鬱屈於懷，興邦之策，滯之於口，不得倚重，良可哀也。往昔已矣，今者可追。社稷累卵，不可或缺君實扶持。君實當快馬蒞京，至所囑望……」

讀著太皇太后寄望殷殷的手諭，司馬光熱淚盈眶，歎息道：「積年勵志，鬱屈於懷，太皇太后知我也！只是，梁公公，我返朝就能使朝政改觀嗎？不能啊！變法十七年來，所行者皆先皇旨意，我能評頭論足嗎？不能啊！十七年中，前九年實施之法，皆余摯友介甫所為也，後八年實施的乃是沒有介甫的王安石變法，介甫雖是吾之政敵，卻是吾之文友，他退居江寧（南京）多年，我能落井下石，拿他開刀嗎？不能啊！所以我不能接太皇太后的手諭，不能返朝當這個宰相……梁公公，我已六十七歲，兩次中風，行動極不方便，牙更沒剩幾顆，只好愧對太皇太后之垂愛了！」

梁惟簡回道：「司馬大先生，太皇太后當然知道你已是半具殘廢人。但她把朝政交給你這個半殘廢，比交給蔡確一個健康人還放心些！蔡確已與一班死黨抱成團。太皇太后說，非你大先生回朝，不能撼動他們！」

司馬光一想，先是一個蔡確難以對付，再加上他幾個抱成團的死黨，就更不行了。於是又裝起病來，哼哼唧唧地說：「唉喲喲！我這右半邊半身不遂，不能作陪了。」隨即在老家丁呂良攙扶下，歪歪倒倒地進屋去了。

梁惟簡在他身後嚴厲地說：「司馬公，下邊的話已不是太皇太后的旨意，而是我一個老朋友對你的諫言：無論在朝在野，所有重臣都已到京城吊唁過先帝，惟司馬公至今未成行。倘若蔡確等人說你司馬光對先帝怨恨在懷，情無哀悼，那可是人言可畏，獲罪不輕啊！」

司馬光一想這話有理，第二天便要兒子司馬堅陪同，入京吊唁先帝。為了掩人耳目，他和兒子都頭戴草帽，蓋住了半張臉，裝作一對普通百姓。父子倆乘坐馬車，兩天兩夜後到了汴京。

到達京城，拜唁完了先帝趙頊，司馬光和兒子以假名登記，到一家驛館住宿下來。可是，剛剛掌燈，驛館外便來了成千上萬的百姓，高喊道：「司馬君實，留相天子，活我百姓……」

屋內的司馬光叫了起來：「誰興風浪傷我！我、我、我可沒得罪哪個！」

前邊的驛館官員不認識司馬光，對站在外邊大喊的百姓說：「我們驛館裡並沒有司馬光入住，你們弄錯了。」

百姓代表說：「沒錯！那個戴草帽的老人家就是司馬光！」

驛館官員一聽，帶同百姓代表進屋找司馬光。可是，司馬光與兒子已經趁著慌亂連夜逃回洛陽去了。

過了不幾天，司馬光接到朝廷聖旨：「著資政澱大學士司馬光任陳州知府。」司馬光這下高興了，馬上就去陳州上任。去陳州的馬車要經過離京三十里的長園，長園有朝廷常駐官員接待過往官員。司馬光對趕馬車的呂良說：「長園不停，直去陳州！」

但事與願違，太皇太后傳諭召見。司馬光只好又隨梁惟簡到了京城，進了大殿。太皇太后仍欲任命他為宰相，故而用這法子把他騙進皇宮。然而，司馬光還是以手足癱瘓為由，拒絕接任宰相一職。接著是三詔三辭，司馬光總不接任，只在驛館長住。

一天，司馬光的老哥哥司馬旦忽然來了。司馬光從小失去父母，由其兄撫養長大，所以他對兄長視如父親，恭敬有加。司馬旦也曾是朝廷老臣，如今卻連走路都顫巍巍的了。

司馬光跪迎：「哥！您老人家怎麼來了？劣弟向您請安！」

司馬旦說：「君實起來吧！太皇太后倚重，不得不來啊！」隨即將太皇太后寫給自己的手諭拿給司馬光。手諭上這麼寫道：「先帝新棄天下，天子尚幼，君實不助，朝廷何倚？賢卿為哀家解憂……」

司馬旦又說：「君實所言力所不逮，不外乎三條：一曰先帝之業績不容否定；二曰介甫之友誼不容落井下石；三曰對蔡確奸相之爭鬥難握勝券。如此三條，對否？」

司馬光說：「兄長言之必中！愚弟所慮，正此三端也！」

司馬旦點點頭：「果然如此。只是，你不誘於名譽，不恐於誹謗，竭心力而耕耘，憑天公賜收穫，讓後人去品評，何來顧慮？你該接下門下侍郎！」

司馬光回道：「謹聽哥哥教誨！」

於是，他只好接下了門下侍郎（丞相）的職務。可他心裡說：「我被太皇太后推到浪尖了……」

事實正是如此，連那些高喊「司馬君實，留相天子，活我百姓」的「百姓」都是太皇太后耍的手腕；其後更把司馬旦請出來，逼得司馬光不得不接下相位。司馬光接任相職之後，的確對打擊奸臣，鞏固朝政起了重大的作用。

10 可以讓人抬著，何必自己走

人常說：「一個好漢三個幫。」又說：「登高才能望遠。」可是，這三個好漢從哪兒來？人家願不願幫你？高處在哪兒？如何登上去？請按《厚黑學》說的去做，保證這些問題會迎刃而解。先從自己的親朋好友、同學、同事、老師和直接上司中找，必有願意的。特別是朋友、同學、老師，這些人即使不能直接出力，也能幫你出謀劃策，充當橋樑或梯子。

李宗吾說：「要知道，老虎和獅子再凶再猛，也敵不過成群結隊的狼、狐狸，甚至是狗。」

如果你具有一定的號召力，或處於一定的領導崗位，就多多拉攏一些同事和下屬，讓他們成為你的「死黨」。這樣，你不但有實力可與其他對手較量，而且在上司的天平上就擁有足夠的分量，分配利益時，他就不敢輕視你的要求。

對於一個擁有一定權力的人來說，由下面的人抬舉你，比起由上面的人提拔你，要容易進步。

進入社會，日常所接觸的人不外乎兩種：一種是在自己之下，必須服從於自己之權威的人；另一種就是在自己之上，自己必須服從於他之權威的人。許多人的不足之處，就在於經常只想到第二種人，總想千方百計讓他們把自己往上提，卻忽視了那些下面的人。但是，許多時候，正是下面的人對自己有著不可估量的推進之力。

你能得到下面的人真心相幫嗎？他們是否樂於替你做事？如果你請你的同事做事，他們是否願意幫忙？是否常常你還沒有提及，只要他們看見你的需要，就會趕快替你做？如果對這些問題，回答都是肯定的，那你肯定已走在成功的道路上。

再從反面看，別人是否總是迴避你，不肯幫你忙？你有事找他們，他們是否總是找藉口推脫，你就應該檢討一下自己，是否有什麼地方不得人緣。

一個得人心的領袖，絕不會利用他的權勢，強迫屬下乖乖辦事。他應該把屬下的福利放在心中。一旦下面的人知道他關心他們，他們就會信任他、尊敬他，願意盡他們所能替他做任何事。幫助屬下越多，越能增進自己的利益。

伯利恒鋼鐵公司的創辦人和總經理、歐戰時美國政府戰時造艦主任施瓦伯說：「最偉大的人物，必定能把別人也訓練出來。我雖然現在賺了許多錢，但是，最使我高興的，還是從前在我手下的許多青年現在都發達了。提拔和造就人實在比掙錢有價值多了。譬如格雷斯先生現在就是鋼鐵界一個比我更成功的人，他的事業，我望塵莫及。我以此為榮。我感到很驕傲：在我從前選定為股東的那幾個青年之中，沒有一個不是現在發達的。然而，當初他們入選時，沒有一個身居高位……現在很明顯，他們每個人都成了了不起的領袖人才了。」

施瓦伯口中的那些青年之所以成為非常能幹的人才，是因為施瓦伯培養有方。這些人成長起來了，施瓦伯是否就要承受很大的損失呢？絕不是這樣。實際上，他反而從他們那兒得到了許多幫助。

那些一心只想壓制下屬，使他們產生一種懼怕和服從心理的人，說到底，是怕他們勝過自己，自己心中膽怯。這種人沒有做一個真正領袖的豁達氣度。這樣做的最後結果，雖然他竭力想成為一個權威，反而終有一天會被人超過。

卡耐基先後重用了43個青年，他們原來的家境都很貧寒，但後來都成了百萬富翁。這其中，除了一個人步入政界以外，卡耐基都使他們變聰明了。

卡耐基他讓別人的才能得到最大限度的發揮，他自己是否受到了損失呢？當然沒有。他締造了一個非常偉大的組織，比以往的任何組織都要強大得多。這可以說是他事業的紀念碑。

拿破崙也犯了致命的錯誤。他也沒能培養出一班得力的人才。年時輕時，對於一切事情，事無巨細，他都可以照顧周到。但是，隨著年紀不斷增大，需要處理的事不斷增多，不可能一切都由他自己做了。他不得不把許多事務委託給手下的人，而這些人並沒有受過充分的訓練。他在萊比錫的失敗，大半就是因為他疏忽了許多細節，而把那些細節都交付給下面的人了。以往都是他把一切事情替下面的人想好了，他們只要照著去做就行。到了危急關頭，他的手下竟毫無一點應變的本領，面對危機，只能面面相覷，還都指望著他替他們安排一切。

你要培養一幫自己的助理人員，充分信任他們，把一切他們力所能及的工作都交給他們做，使他們成為你的陣營裡最有力的幹將。當然，在這多情況下，提拔比自己年輕的人，就需要具有超乎尋常的領導功夫。

11 每個人都有自己的天份

如果你還沈迷在既往個人英雄的時代，妄想靠一己之力縱橫天下，總有一天你會死得很難看，而且死得莫名其妙！

孟嘗君是戰國時齊國人，姓田名文。他的父親田嬰曾當過十多年的齊國丞相，得封靖郭君。靖郭君妻妾眾多，光是兒子就有四十多個，田文不過是他眾多兒子中的一個罷了。田嬰家財富無數，但他並不重視延攬人才。田文曾為此勸說父親。

田文問道：「敢問父相，兒子的兒子叫什麼？」

田嬰回答：「叫孫子。」

田文再問：「孫子的孫子叫什麼？」

田嬰回答：「叫玄孫。」

田文又問：「玄孫的玄孫叫什麼？」

田嬰吶吶道：「這個……我可不知道那叫什麼了……」

於是，田文開始勸導父親：「父相，您在齊國為相，已經歷了威王、宣王、湣王三代，但只見您的家財膨脹，卻不見齊國更加強大富足，父相知道這是什麼原因嗎？」

田嬰認真想了一下，問道：「不知道！你說說，是什麼原因？」

田文回答：「父相，這是因為您沒有盡到延攬人才的結果。父相連玄孫的玄孫叫什麼都不知道，而國中的民眾可是比玄孫的玄孫多得多呀！您有足夠的財富可以養活他們，延攬他們，他們之中就必定會有傑出的人才可以使齊國富強起來。可是父相並沒有這樣做。咱家裡有穿不盡的綾羅綢緞，社會上的許多賢達人士卻連粗布短衣都穿不上；咱家裡奴僕婢妾有吃不盡的珍饈魚肉，社會上的許多賢達人士卻填不飽肚子。兒真感到奇怪，父相既然連『玄孫的玄孫』都不知道叫什麼了，那您留給他們那麼多財富幹什麼？如果您將這些財富拿來養活天下眾多貧寒人士，他們之中必定會有能使齊國富足起來的賢士能人。」

田嬰仔細想了一下，覺得田文這話很對，進一步問道：「我養活那麼多人，又怎樣去判斷誰是真正的人才，誰又不是呢？」

田文回道：「父相，真要養人蓄士，就不管他是不是人才都要養起來。其實，要判斷出他們究竟是不是人才也很容易，只看他們能不能完成某一件差事就行了。」

田嬰又問：「他們既然吃我的，用我的，自然什麼都聽從我，我叫他們去完成任何任務，他們都會回答能夠完成，但誰知他們實際上能不能完成交代的任務？」

田文回道：「父親過慮了！只要他們答應了，都會想方設法去完成任務。這個想方設法的過程，就可以挖掘每一個人的潛在力量。說不定就正是這樣『想方設法』地『挖潛力』，他們什麼困難的任務都能真正完成了。」

其後不久，田嬰去世，田文繼任齊相，得封孟嘗君。孟嘗君一當上丞相，馬上就實現自己的諾言：大養食客三千，卻不要求他們一定要做什麼事。

其實，孟嘗君做事非常仔細。他在接見任何客人時，都會派人在屏風後面暗暗作記錄，對來人家住哪裡，家裡還有哪些親戚朋友，具備什麼特長、本領，以及有些什麼實際困難，都做了詳盡的記載。等客人告辭之後，他還會派人到客人家裡去噓寒問暖，慰問、饋贈，使那客人倍感溫馨。其中，記下他們的本領、特長，是為了備不時之需。

戰國時代，群雄並立。秦昭王聽說齊國孟嘗君很能幹，便說有意見他。齊湣王就派他出使秦國。孟嘗君到秦國去，身邊就帶了一大群食客。

到了秦國，昭王馬上任命他為丞相。

臣下進言：「這太危險了！孟嘗君是齊國人，又是齊相，您任命他為秦國的丞相，他必定先齊後秦，不就成了齊國派來秦國的最大間諜嗎？」

於是，秦昭王將孟嘗君軟禁起來，說是要殺了他，以絕後患。

孟嘗君不慌不忙，問隨身而來的食客：「我的命已危在旦夕，你們誰有本事救我出去啊？」

食客們個個竭力想主意。果然是「多想出智慧」，有人想到求幸姬去向秦昭王求情。幸姬是昭王最寵愛的妃子，她去求情，肯定可以奏效。

於是，孟嘗君便派食客前去請幸姬出面求情。可是，幸姬說：「要我去向大王求情可以，但我必須先得到那件狐白裘。」

狐白裘是狐狸那半圈白頸皮做成的全白大衣，乃舉世罕見的珍寶極品。孟嘗君原先就有這樣一件狐白裘，可是已經當成禮品，送給秦昭王了，如今幸姬提出再要，他當然拿不出來。

孟嘗君食客之中有個慣盜，名叫梁鈞，綽號「樑上君子」。他一聽，就說：「看我的吧！」

於是，他施展出慣盜的本領，很輕易地就把獻給秦昭王的那件狐白裘盜了出來，再轉送給幸姬。幸姬向昭王一求情，昭王果然就把孟嘗君從牢裡放了出來。孟嘗君不敢怠慢，連夜改名換姓逃走，生怕昭王一後悔，又要殺了自己。

孟嘗君率眾食客從秦國都城咸陽逃到函谷關時，正值夜半，出不了關。函谷關守將向來就有定制，非到雄雞報曉，不得開關放人。如今正值半夜，怎麼去開門呢？

孟嘗君急問：「眾位有什麼辦法打開城門出關？」

再一次，人人都奮力想辦法。這時食客中有一個善口技的人，名叫萬和，綽號「萬叫和」，意即他學什麼叫就像什麼叫，能引起同類萬眾齊鳴。當下他說：「我去試試。」於是他學起雞叫。

萬和學雞叫學得一無二樣，引發了整個函谷關遍處雞鳴，彷彿就要天明一般。守關人員以為真的雞鳴報曉了，便將函谷關城門打開。孟嘗君趁機帶同食客出關逃逸，終得成功。這便是歷史上著名的「雞鳴狗盜」成語的最初發源。

再說那秦昭王釋放了孟嘗君之後果然後悔了，派了人在後追殺。可是，追到函谷關時，孟嘗君已經騙開城門逃走了。

12 放長線可釣大魚

你有沒有這樣的體會：當你遇到了某種困難，想找某人幫你解決時，卻突然想起來，過去有許多時候，本應該去看這人的，結果你都沒去，現在有求於人，就去找，會不會太唐突了？在這種情形下，你不免有些後悔「平時不燒香」了。

諷刺臨事用人，最簡練的話就是：「平時不燒香，臨時抱佛腳。」而相對應的話就是：「平時多燒香，急時有人幫。」真正精通面厚心黑術的人都有長遠的眼光，會早做準備，未雨綢繆。這樣，急時就能得到意想不到的幫助。

具體來說，應該注意以下兩點：

第一，平時關係網建好了，到需要時才能信手拈來，得到應有的幫助。

立身行世中，利用好關係的絕招之一就是：在事前把關係搞定。許多人都可能有這樣的體會：一個單位提拔某人當領導時，這個人選很可能出乎所有人的意料之外。事後才得知，原來人家早在數年前就與某某上層人物交情非淺，因而能不顯山、不露水地「一步登天」。

善於放長線釣大魚的人，看到大魚上了鉤，不會急著收線揚竿，把魚甩到岸上。因為這樣做，到頭來不僅可能抓不到魚，還可能把釣竿弄斷。

此時，他會按捺下心頭的喜悅，不慌不忙地輕輕收幾下線，慢慢把魚拉近岸邊；一旦大魚掙扎，便又放鬆釣線，讓魚游竄幾下，然後再慢慢收線。如此有收有放，待大魚精疲力盡，無力掙扎時，才將牠拉近岸邊，用網兜兒拽上岸來。

利用關係也是同樣之理。如果平時不燒香，等到需要時才「臨時抱佛腳」，儘管你可能追得很緊，下的功夫很大，人家也可能一口回絕你的請求。孫子兵法講「造勢」。關係的建立，在某種程度上說，就是一種「造勢」。

第二，充實自己的人情帳戶。

老一輩的人常說「量入為出」。為了應付未來的急需，一般人總會省吃儉用，在銀行裡存一筆錢。有了儲蓄，心裡才踏實，因為可以在關鍵時刻拿出來抵擋一陣。同理，想在最急需時，關係網能夠管用，平時就要在你的人情帳戶上搞好儲蓄。

人與人之間若彼此不信任，就不可能互助互利；未曾建立深厚的感情，彼此就不可能互相信任。在人際交往與關係中重視情感投資，不斷增加感情的充實，就是聚積信任度，保持並加強親密互惠之關係的前提。

人是感情的動物。你在感情的帳戶上儲蓄，就能贏得相關人士的信任。那麼，當你遇到困難，需要幫助的時候，就可以利用這種信任。即便你犯了什麼過錯，也容易得到這些相關者的諒解。雖說理論上強調，請求別人的支持和幫助，應該自信主動、坦誠大方地提出，儘管有許多有效的方法和技巧可以採用，然而，最重要的還是自己要樂於助人，關心他人，不斷增加感情帳戶上的數額。如果說建立相互信任、相互幫助的人際關係有什麼訣竅的話，那就是「零存整取」的方便性竅。

反之，不肯增加儲蓄，只想大筆支取的人，必定沒人理會，這樣的銀行帳戶只可能是個空戶。你毫無儲蓄，到需要用錢時，就只有借債了。但欠債總是要還的，到頭來還是要儲蓄。

互助互利，不僅指物質利益，還包括精神利益。被求助的一方，不一定非要你給他什麼幫助和好處不可。人際交往的互利互惠也不同於做買賣那樣，必須等價交換，立刻兌現。但求助者最好能讓對方瞭解：助人即助己。

你拜託某人為你辦理某事，他也許只起了牽線搭橋的作用，具體的事還要你自己去四處奔波……遇到這類情況，千萬不可埋怨對方說話不算數。事實上，人家已經幫了你的忙。這就值得你表示肯定和感謝。你感謝對方幫忙一小時，下回他可能會幫你兩小時；你感謝人家為你辦事牽了線兒，下回他可能會一幫到底。

自己樂於助人，多主動幫助別人，會不斷增加感情帳戶上的儲蓄。雖說求人與被人求是一筆無法精確計算的人情帳，但是，也應當心中有數。在求人辦事時，人家並不一定情願為你白忙活，他多半希望你也能幫他做些事情，有的甚至希望在他幫你辦事之前，你得先為他辦成某些事。如果你瞭解他這種心理，主動滿足他的欲望，他就會很痛快地幫助你。

假設對方並沒有什麼需要幫忙的事，此時你要讓他精神上得到滿足，表現出對他的崇拜和尊敬，不斷誇獎他的能力。

如果你求人幫助的是一件名利雙收的事，對方也肯定希望能夠從中得到一些名或利。他什麼都得不到，你卻名利雙收，他很可能在心理上失衡。現在的人對口頭許諾大多不感興趣。所以，你最好提前滿足人家的欲望。如果不能，也一定要守信用。你若不能履約，以後再求人幫忙就難了。

此外，生活中經常有這樣的人，幫了別人的忙，就覺得有恩於人，於是就有了一種高高在上，不可一世的優越感。這種態度很危險，常常會引發反效果。這樣，他幫了人，卻沒有增加自己人情帳戶的收入。因為他驕傲的態度，已經把這筆帳給抵消了。他辛辛苦苦忙了半天，到頭來卻是一場空，豈不是傻了？

ch.4

剛柔並濟，恩怨分明

1 失去戒心的對手最好打

唐高宗時，吐蕃勢力日漸強大，引得西突厥歸附，以便共同吞併吐谷渾。唐朝干預吐蕃的吞併行動，導致雙方的和親關係破裂。唐朝發布聲明，要對付吐蕃，授西突厥原酋長阿史那都支為左驍衛將軍，要他與吐蕃脫離關係。

雖然阿史那都支表面上服從，可暗地裡卻仍與吐蕃聯手，一起侵擾唐朝西境。唐朝欲發兵征討西突厥。

吏部侍郎裴行儉啟奏道：「現在吐蕃強盛，西突厥已表示與我朝修好，我們不便公開兩面用兵。前日波斯王去世，其子泥涅斯因身為人質，還在我京師。不如遣使把泥涅斯送回國去繼任，途經西突厥時趁行事，或許可以不戰而降之。」

唐高宗聽後，覺得有理，遂命裴行儉為使者，護送波斯王子回波斯繼位。

阿史那都支知道裴行儉一行的目的絕非這麼簡單，派遣了不少探子，以便不斷向他報告裴行儉的一舉一動。

公元六七九年盛夏，裴行儉到達西州，西州所有官吏都出城迎接。裴行儉召集西州的豪傑子弟千餘人跟隨，四處揚言說天氣實在太熱，特使一行人不想急急趕路，等天涼之後再啟程西行。

阿史那都支本來擔心裴行檢會趁勢猛攻，如今聽說他要留在西州，天涼時才會經過西突厥，自然萬分高興，一下子放鬆下來，到處尋歡作樂，消磨難熬的酷暑，絲毫不加防範。

這時，裴行儉又召集西州四鎮的酋長，對他們說：「以前我在西州時最喜歡打獵，現在正好閑著沒事，想重遊舊日獵場，同時遊遍各地。不知誰願與我同行？」

當地人本以遊獵為主，一聽此言，所有酋長子弟及下屬都欣然應聲同行。

裴行儉又說：「你們既願與我同行，就應該聽我約束。」

眾人自然又齊聲應允。

於是，裴行儉精選其中萬餘人馬，編成隊伍，以打獵為掩飾，暗中加以操練。待時機成熟，便急令隊伍抄小路向西快速行進。過不了幾日，即來到阿史那都支的部落附近。到達阿史那都支牙帳前十餘里時，裴行儉派遣使者，去向阿史那都支問候。

阿史那都支見唐使突然來到自己的營帳，異常驚慌。後來見使者安詳平和，也不指斥他與吐蕃辦地勾結串聯之事，更沒有要討伐的意思，這才慢慢放下心來。本來阿史那都支已與部下商量清楚，從現在開始積蓄力量，單等秋涼時與唐軍決一雌雄。如今唐兵冷不防來到眼前，負嵎頑抗，無異於自取滅亡，而且從唐使的態度來看，唐朝似乎還不至於馬上動手，乾脆與之周旋，故意裝出一副尊唐的樣子，只率子弟親信五百餘人前去拜訪裴行儉。

裴行儉表面上表示歡迎，暗地裡卻早已設下埋伏。一等阿史那都支等人進入營帳，號令立下，伏兵從四處湧出，五百餘人被悉數拘禁起來。

裴行儉兵不血刃，擒獲了西突厥的酋長，大功告成。然後，他令波斯王子自己回返波斯，留人防護安西都護府，修築城牆，鞏固邊防。待一切善後的事情處理完畢，他才自己押解俘虜東進，凱旋而歸。

慶功宴上，唐高宗嘉獎裴行儉：「卿提孤軍，深入萬里，兵不血刃，擒夷叛黨，真可謂文武兼備了。」

「煙幕彈」最初只用於軍事目標，目的在於遮蔽敵人的眼目，或是標識一個具體目標，以便於集中火力攻擊。但是，真正用於作戰上的軍事煙幕彈並不出名，出名的倒是一些政治性的煙幕彈。施放政治煙幕彈，最基本的條件就是要面厚心黑，否則根本不可能在需要的時候，施放出能夠迷惑對手的煙幕彈。

近代歷史上的反袁將軍蔡鍔，就是一個施放煙幕彈的高手。

蔡鍔，字松坡，湖南邵陽人。一九一一年辛亥武昌起義成功之前，蔡鍔為雲南新軍協統；革命成功後，出任雲南都督。袁世凱逼孫中山讓出總統職位給他之後，將蔡鍔羅致到京城，委任為參政院參事，想讓他支持自己稱帝。蔡鍔表面上表示贊成。袁世凱唆使黨羽將一本贊成帝制的《題名錄》偷偷放到蔡鍔面前，以檢驗他是否忠於自己。蔡鍔知道，稍有不慎，自己恐將死於非命。於是，他提筆就寫：「贊成」。暗中，他還厚下臉皮，不惜損壞自己的名聲，與京城名妓小鳳仙朝夕相處，不離左右。

小鳳仙原是清朝一個旗人武官的女兒，父親死後，無依無靠，被人拐騙，賣到了妓院之中。她精通文墨，更有一副俠義心腸。也算慧眼識珠，她對蔡鍔另眼相看。久而久之，互相瞭解了底細，小鳳仙定下決心，要設計救出蔡鍔。蔡鍔則施放更大的煙幕彈，說自己此生得一「紅顏知己」足矣，「將在京城購置別墅，金屋藏嬌。」

蔡鍔本人私生活一向極其嚴謹，探子見其如此放浪形骸，大惑不解，便去向袁世凱密報。袁世凱一向老奸巨猾，當然不會輕易相信蔡鍔真會拜倒在小鳳仙的石榴裙下，便加派了暗中密切監視蔡鍔的行蹤。

蔡鍔的夫人心領神會丈夫的一切，卻假意勸丈夫要以事業為重，保養自己的身體，不要再與小鳳仙密切往來。

蔡鍔故意大吵大鬧，演出一場夫妻反目的鬧劇。夫人痛罵丈夫喜新厭舊，蔡鍔責打妻子，揚言休妻，打爛了家裡的一切貴重東西，還責令夫人離京南歸。蔡夫人披髮臥地，哭天喊地。兩夫妻的雙簧劇演得逼真至極。

密探報告了袁世凱。袁世凱這回相信了，便放鬆了對蔡鍔的防範。蔡鍔於是在蔡夫人、小鳳仙等人幫助下逃離了北京。返回雲南之後，他隨即組織護國軍，通電全國「反袁起義」。由於這是辛亥革命成果被袁世凱竊取之後保護民國的運動，所以史稱「護國運動」。

其後，蔡鍔領導的「護國運動」大舉成功（也稱做雲南起義），袁世凱只做了八十多天「洪憲皇帝」就宣布退位，不久便憂懼而死，將一個「竊國大盜」的惡諡永遠帶到了地下，成為千古罪人。

2 人急燒香，狗急跳牆

李宗吾說：「凡與人交涉，必須將他如何來，我如何應，四面八方都想過。臨到交涉時，任他從哪面來，我都可以應付。」

通常情況下，與人交往，分成兩類：一是與好人交往，二是與壞人交往。特別是不得已要與壞人周旋時，就得時時警惕，做好各種應付的準備。

「狗急跳牆」是由俗話轉為成語，比喻壞人在走投無路的情況下，會不擇手段地蠻幹。古籍《敦煌變文集，燕子賦》中說：「人急燒香，狗急跳牆。」

預先防備狗跳牆的方法其實很簡單，就是事先把牆弄得很高很高，讓狗跳不過。這實際上就是「未雨綢繆」。

陸賈，楚國人，漢高祖劉邦的辯士，曾經代表漢朝出使周邊各國，都很順利地完成任務，相當能言善道。在追隨劉邦起事創天下的過程中，陸賈曾多次向劉邦講說《詩經》、《書經》。劉邦罵他：「都說些什麼呀？我的天下是馬背上爭奪來的，用不著什麼『詩』呀、『書』呀的！」

陸賈回道：「未雨綢繆，今天就要想到明天。今天主公能在馬背上奪天下，明天也能在馬背上治理天下嗎？主公必須提倡文武之道，像昔日殷湯與周武王那樣，用『文』治理國家。」陸賈就是這樣一個能夠未雨綢繆的人。

劉邦一聽，很對。於是，令陸賈寫一部探討治理國家之道的書。陸賈遵命寫完，交給劉邦。劉邦看後，認為很好，給它取了個書名，名作《新語》。

呂雉是劉邦的元配。還在劉邦生前，呂后就已表現出極強的權力欲。陸賈曾對當時擔任副丞相的好朋友陳平說：「此事須未雨綢繆！你當然懂我的意思吧？」

陳平知道陸賈是說，劉邦死後，呂雉會專權。因當時劉邦還在，陳平雖然知道呂后會在劉邦身後鬧事，礙於她身為「皇后」，也不好明說，只能支吾道：「狗還沒到跳牆的時候，未必你就能預先想出好辦法預防牠跳牆吧？」

陸賈回道：「要防狗急跳牆，須先防牠先突然咬死你。牠咬死了你即可出去，就不用再跳牆了。」

陳平問道：「你說說，該如何避免被牠咬死？」

陸賈回答：「你順著牠的意思去辦，牠不就不咬你了嗎？」

陳平點頭：「很對！」

果然，等劉邦一死，呂后就跳了出來，要把娘家的幾個侄兒呂祿、呂產等都升為大臣，封賞王爵。丞相王陵反對，說：「高皇帝（劉邦）先前就說：『非劉氏而王者，天下共誅之。』怎麼能封呂姓為王呢？」陳平卻順承呂后之意說：「昔日高皇帝登基，可以封他的兄弟子侄為王；今天皇太后稱制，當然也可以給呂姓人封王呀！」

呂后一聽，十分高興，就撤掉丞相王陵的職務，任命陳平為丞相，同時給呂祿、呂產等人封王。從此，在呂后專權的一段時間裡，陳平完全按照她的意思辦事。按陸賈的說法，這便是不給「狗」以「跳牆」之機，更不給牠咬人之機……暗地裡，陳平卻與帶兵的大將軍周勃等做著各種「打狗」、「殺狗」的部署，準備等呂后一死，就把呂祿、呂產等呂氏諸王一網打盡。

果然，呂雉死後，陳平與周勃等調動大軍，把諸呂盡皆誅殺，恢復了劉氏天下。事後，陳平對陸賈說：「你那未雨綢繆的辦法真管用！只有預先防止自己被狗咬死，最後才可能一刀把狗宰了！」

這個歷史故事清楚地告訴我們：防止狗急跳牆的最好方法就是先厚下臉皮，降低自己的身分，甚至與狗融為一體，保護好自己，防止被狗咬死；然後調配力量，看準時機，厚臉換黑心，將狗一舉殺死。

3 要看到地平線以下的機會

商業領域的變化可說紛繁複雜，變化多端，一個資訊錯了，也許就一敗塗地。成功的企業家有一種特別的能耐，就是看得到地平線以下的機會和困難，提前做好面對新挑戰的準備，不但能躲過危機，而且能夠向前發展。

19世紀70年代，美孚石油公司發展得很快。它持續進行堪探，以鞏固對石油業的控制。在這期間，它厲行節約。清算帳目成為美孚大老闆洛克菲勒的一種癖好，價格算到了小數點後第三位。洛克菲勒堅持每天早上到辦公室時，要在他的辦公桌上看到一份關於淨值的財務報表。為了節省運輸費用，他開始建造輸油管。到一八七六年，美孚石油公司除了擁有近三百公里的輸油管，還有能儲藏一百五十萬桶石油的集散點。當賓夕法尼亞鐵路在19世紀70年代後期投入煉油業時，洛克菲勒打垮了這家當時美國最大的公司，並買下這家公司的煉油設備。

到19世紀80年代，顯然洛克菲勒不能再漠視鑽井和銷售的事了。賓夕法尼亞的油田開始枯竭。美孚石油公司當時所控制的資產已逾七千萬美元。為了確保「美孚」有源源不斷的原油供應，洛克菲勒買下了幾家地區性的銷售公司。他的公司已經以「章魚」著稱，在石油業中到處都有「美孚」的勢力，「美孚」的產品大約已佔煉油廠產品的90％，並且壟斷了諸如媒油、潤滑油、石蠟、各種溶劑，以及「美孚」的科學家和技師從石油中提煉出來的其它一些產品的價格。

但是，洛克菲勒並不想由他的帝國控制全部市場。因為他很了解，讓比較小、效能較差的一些競爭者去承擔其中微不足道的部分，在困難時期迫使他們為生存而鬥爭，美孚石油公司才能在繼續以幾乎全部能量投入生產之際，免受獨佔的指責。

在洛克菲勒石油帝國發展的國程中，洛克菲勒始終把培養人才視為自己最重要的任務。對於美孚石油公司獲得成功的祕密，他聲稱：「在於有一批人在工作中自始至終真誠地共同合作。」一八七九年，紐約中央鐵路公司負責人威廉．H．范德比爾特如此讚揚「美孚」行政管理班子的能力：「這些人比我能幹多了！他們的事業心很強，也很精明。在經商中，這樣既精明又能幹的一班人馬，我還從來沒有遇到過。」

除了阿奇博爾德和弗拉格勒外，還有洛克菲勒的兄弟威廉、亨利．羅傑斯、詹姆斯．莫法特、查爾斯．普拉特、奧利弗．佩恩等等，這些人結成了一個最能幹的行政管理基子。洛克菲勒正是在公司大發展的時候，提前做好了應付危機的人才準備，才使「美孚」公司日益發展壯大。

4 心無所懼，才能行動果斷

真正有用的東西來自內在的功能，而不是外在的形式。堅強的內心世界不怕任何外敵的打擊。想想三國時的長坂坡上，張飛三聲巨吼，震退了曹操數十萬大軍，嚇死了曹軍的數名將領，原因何在？張飛心無所懼，膽氣豪邁；曹軍個個嚇懵了，故而潰退逃命。還有諸葛亮的空城計，靠的也是一個心無所懼。

同樣道理，在瞬息萬變的市場經濟大潮中，要始終立於不敗之地，除了必須具有敏銳的觀察力和判斷力之外，還得敢於冒風險。因為只有內心無所畏懼，行動時才能果斷。希臘船王歐納西斯就是這樣一個心無所懼的超人。

歐納西斯出生於土耳其西海岸的伊密爾。一九二二年，全家逃難到了希臘。

第一次世界大戰之後的經濟復蘇階段，很多人沒有摸準市場的脈搏，拼命擴大再生產。不久就出現了市場過剩，物價迅速下跌。很多人為了使自己的資金流動起來，特別是那些資金比較少的人，紛紛將自己的產品降價銷售。那些手裡稍有責蓄的人都在考慮買點兒什麼不會賠錢的東西，以免自己手裡的鈔票貶值。在這種時期，善於經營的人則有研究幹什麼事可以賺更多的錢。

歐納西斯就是想賺更多錢的人。他尋思，生產過剩，物價暴跌之後，經濟必然再次繁榮，商品的價格一定會回升，有的還可能暴漲。毫無疑問，現在買進便宜的商品，到那個時候，就會獲得成倍的利潤。

可是，買什麼呢？股票、房屋、黃金……

這些東西，他都不買，他買的是經濟危機中最不景氣的海上運輸工具——輪船。他這樣分析：世界經一旦復蘇，運輸必須先行，他投入的錢就會像植物一樣瘋長，利潤就會源源不斷地產生出來。有了這種認識，他馬上把全部財產都拋了出去。

那麼，到哪裡去買船呢？

在這場經濟危機中，加拿大國營運輸業幾乎破產殆盡，最後不得不拍賣家業，其中正好有六艘貨船，十年前的造價是二百萬美元，現在每艘的價格卻是二萬美元。這個消息傳到歐納西斯耳裡，他差點跳了起來，急忙趕到加拿大，買下這六艘貨輪。

此後幾年，經濟危機愈演愈烈。當時有很多人認為歐納西斯幹了一件蠢事，此時更認為他是瘋子。可是，歐納西斯整天笑咪咪，對自己所下的決定充滿信心。

歐納西斯的運氣終於來了，但不是因為經濟復蘇，而是第二次世界大戰爆發了。無論是歐洲戰場還是亞洲戰場，到處都需要美國所生產的各種物資。這時，誰有能力在太平洋、大西洋運輸貨物，誰就可以賺到大筆的錢。一時間，歐納西斯的六艘貨船幾乎成了六座浮動的金山……

第二次世界大戰結束的時候，歐納西斯已經成了擁有希臘「制海權」的商業巨頭之一。話得說回來，如果不是戰爭，歐納西斯發財的速度自然不會這樣快，但是，只要世界經濟復蘇，他是一定會發財的。

第二次世界大戰結束之後，世界經濟開始復蘇。歐納西斯敏銳地預見到，經濟的發展必然刺激石油運費的猛漲，運輸石油必然帶來超額利潤。他把牙一咬，投鉅資建油輪！

在二次大戰之前，油輪的載重量是1萬噸。到了一九六〇年，已發展到10萬噸。一九六五年，歐納西斯擁有油輪達45艘，其中20萬噸級以上的超級油輪就有20艘。這一艘艘大大小小的油輪就像一台台印鈔票的機器，源源不斷地為他製造出大量財富。

一九七五年，歐納西斯去世，享年69歲，他的資產高達16億美元，擁有一支世界上最大的私人船隊，創辦了好幾家造船廠，買下了愛奧尼亞群島中的斯斜紫奧斯島，兼營著一百多家公司，在世界各地的大城市都有辦事處。他的礦山、土地等財產，沒有人能算得清楚……對於歐納西斯的成功，很多人都歸功於他驚人的魄力和精妙的思考力，認為他能夠很得體地適應他所遇到的每個人，和這些人友好相處，因而得到很多人的支持和鼓勵。

英國前首相邱吉爾與歐納西斯是無話不說的朋友。歐納西斯曾對他說：「我是通過艱苦奮鬥創下基上的，不是因為我具有什麼驚人的本領，而得力於一種『歷史的必然性』。我們在實踐中就可以明白這個道理。您知道，每當上天風調雨順，很多人就會飽食終日，無所用心，被動地接受大自然的恩賜，失去主動，失去活力。這就好比中國的那句古話：『生於憂患，死於安樂。』與此相反，如果處在艱難的困境中，為了生存下去，就會不斷努力。經過不斷奮裂，我們會不斷適應各種各樣的環境，主動改變自己的環境，花大力氣去創業，開拓新的領土。

「應該著重指出的是，我每時每刻都充滿信心，從來不懷疑自己。一個人只有突破自己對自己的限制，才能夠充分展示自己的才能。這就是死裡逃生！」

歐納西斯沒有懷疑自己的判斷，當然有一定的原因。細細地品味他以上這段話，不難發現他成功的奧祕就在於：膽略過人、認真思考、努力奮鬥！

5 順水推舟，反咬一口

你正在做一件別人沒有想到或不喜歡做的事，在上司、周圍群眾心中，產生了很好的影響。這時，有人不懷好意地假意恭維你或想找茬兒打擊你，讓你當眾出醜。你不必介意，不要著他的道，只須裝糊塗，態度謙遜，滿臉和氣，接受他的誇讚，緊接著說自己在這方面和其它方面都不如他，並舉出他以前做過的事加以證實。等對方放鬆敵意，虛榮心不斷膨脹，如何仍不想得罪此人，就繼續吹捧他的「好人好事」；或者，你不希望他以後對自己如此無禮，就突然話鋒一轉，直揭他一些見不或失敗的事，狠狠摔他到十八層地獄，從此不敢再正視你。

依著厚黑學在世上行走，常常會遇到類似的事。怎麼應付？還是拿厚、黑二字做祕密武器，臉厚心黑，伸出臉主動讓對手打，或者乾脆自己打自己，卸掉對手的警惕，然後出其不意，施以重拳，將其擊倒在地。

面對敲詐，必須面厚心黑，否則極易中箭。敲詐者一般都有充分的準備，他或他們一定是掌握了被敲詐者過去某方面一些見不得光的證據，或編出一套能混淆大眾視聽的資料，藉以搞臭被敲詐者的公眾形象，或造成其家庭、朋友、上下級的分裂，甚至惹上官司，逼迫被敲詐者就範。不善厚黑的人，要嘛乖乖地聽從敲詐者一次次擺布，要嘛施之以暴力，結果是越陷越深，毀壞前程。有些厚黑功夫的人，命運則大不同。他們會沈著應付，先一口應承下來，然後，或者搜集敲詐者的證據，戳穿對方的把戲，或者報告警察部門，將其繩之以法。

一九九七年，對被廢黜的英國王媳莎拉來說，是非同尋常的一年：她已欠下近七百萬美元的債務，其中大部分源於信用卡的惡性透支。這都是她與安德魯王子離異之後，為了排泄內心的苦悶而花掉的。如果她的債權人告她，她大概就要進監獄了。

在走投無路的情況下，莎拉決定利用王室的光環進行宣傳。她出版自傳，在美國、奧地利等國拍廣告和電視片等賺錢。一九九七年初，一位不願透露姓名的莎拉的女友對傳媒說，美國一位億萬富翁和非洲某大國的一位大亨願出高價嘗嘗王妃的滋味。一九九七年5月上旬，另一個「莎拉」出現在她面前。這個長相酷似莎拉王妃的女子聲稱自己在萬般無奈之下，明珠暗投，從事色情行業，她的名字也叫莎拉。但她還沒有正式「開業」，因為她怕妨礙王妃莎拉的名聲。如果莎拉王妃給她一百萬美元的生活安置費，她將不搞色情行當。否則，她就以莎拉的名義去跳脫衣舞或賣春。

莎拉面對這種情況，只好先答應下來，然後趕緊雇用私人偵探進行調查。經查知，這個自稱名叫莎拉的人本名波絲莉，從事色情業已有5年之久。後來與一個英籍日人尋芳客密謀，在醫院中耗資8萬英鎊，將自己本就與莎拉有幾分相像的面孔改得與莎拉相差無幾，然後又仔細觀察了有關莎拉的飲食起居和她在錄影片上的言行舉止。待一切摹仿得惟妙惟肖之後，便去找莎拉進行敲詐，幻圖一夜之間暴富。

結果，波絲莉弄巧成拙，在英倫三島被傳為笑柄。但後來大不列顛王國有多家色情刊物擬重金聘請波絲莉以「莎拉第二」的嶄新形象，全裸地走進雜誌封面。

20世紀30代，英國商人威爾斯向香港茂隆皮箱行訂購了三千只皮箱，價值20萬港元。雙方簽訂的合同明確規定，全部貨物要在一個月內交清。若逾期不能按質按量交貨，賣方需賠償英商損失費10萬港元。

一個月內，茂隆皮箱行經理馮燦如期向英商交貨。然而，威爾斯指控說，皮箱夾層使用了木板，因此這批貨不是皮箱，要求中方重作「真正的皮箱」。顯然，此時再去作「真正的皮箱」為時已晚，原來製作的皮箱不但要積壓下大部分資金，還要憑白無故賠償10萬元損失費給英商。馮燦怒不可遏，但面對威爾斯的潑皮無賴行徑卻又無可奈何。多次交涉無效之後，雙方只能訴諸公堂，以求公斷。

法庭開庭審理之後，港英法院有意偏袒威爾斯，好像馮燦經理已經「犯下」詐騙罪。這時，馮燦委託的律師羅錦文不慌不忙地站起來，冷靜地面對強詞奪理，氣焰囂張的奸商和貌似公正，心懷私意的法官，隨手從上衣口袋裡掏出一隻英國倫敦出口的大號金懷錶，高聲向法官問道：「法官先生，請問，這是什麼錶？」

法官神氣地說：「這是大英帝國的名牌金錶。可是，這金錶與本案毫無關係！」

「有關係！」羅錦文高舉金錶，繼續向法庭上的人大聲說道：「這是一塊金錶，尊敬的法官已有定論，恐怕沒有人表示異議了吧？但是，我要請問一下，這塊金錶除了黃金之外，是不是就沒有其它成分？這塊金錶除了錶殼鍍了少量黃金之外，內部機件都是金製的嗎？」

法官和威爾斯這才發覺中了「埋伏」，但為時已晚，自己言之確鑿的回答早已成為對方最有利、最無可辯駁的證據。在兩人垂頭喪氣之時，羅錦文不失時機地繼續說：「既然金錶中的部件可以不是金子，那麼，皮箱中的部件為何非要全部是皮革呢？很顯然，在這個皮箱真假案中，原告威爾斯純係無理取鬧，存心敲詐而已！」

天理昭昭，眾目睽睽，威爾斯理屈詞窮，法庭也不得不判威爾斯誣告罪並罰款五千港幣，了結了此案。

6 敢於丟面子，才會有面子

一般人以為，承認自己的錯誤會引起別人對自己的嘲笑和看不起。事實上絕非如此。勇於承認錯誤，不但能彰顯自己的大度和膽識，給人以平易近人和聰明的印象，進而贏得更多的尊重，而且能夠封住那些想找理由攻擊自己之人的嘴。不過，承認錯誤並不是一件簡單的事，只有那些身具厚黑學功底的人，不管是先天就有還是後來學習，才有足夠的勇氣當眾承認自己曾經錯了。因為認錯者必須不怕丟「面子」。

老羅斯福就是一個勇於丟「面子」的偉大人物。

一九一二年美國總統初選時，在紐澤西州一個小小的城市裡有一個集會。在那裡，老羅斯福要對一群態度不怎麼友好的農民發表演講。在演講過程中，老羅斯福提及賦予女子選舉權的好處。這時，聽眾中有一個粗大的聲音從後面喊道：「上校先生，五年前你可不是堅持這種主張的啊！」

老羅斯福的答覆明顯表現出他的性格。他說：「是的，朋友。因為那時我的學識還不夠，我錯了。現在我進步了。」他並沒有說什麼「但是」、「假若」，或者其它逃遁之詞，而是表達了一個堅強且有頭腦的人直率勇敢的自白。他能與時代俱進，勇敢、直率地承認自己以前學識不夠，現在已經進步了。

報業老闆戴納也曾以大度地承認錯誤，避免了一次「無知」的報導。

《紐約太陽報》的老闆戴納有一種習慣，喜歡在那些他認為重要而必須刊登的文章上面批個「必」字，意即「一定要」刊登的重要文章。凡是批有「必」字的文章，排版的人都不敢刪掉。

有一天晚上，一個年輕的編輯米歇爾，看見一篇批有「必」字的文章中——有一段這樣的話：

「我們很感謝讀者萊特瓦爾特先生，他給我們送來一個又大又好看的神祕蘋果。這是一個很奇特的蘋果，其原因不止一個。這個蘋果又新鮮、又好看，但如果有人想咬上一口，那就倒大楣了，因為蘋果皮上有一些很清楚的白字，那是本報編輯的名字。於是，我們不得不驚訝於這種人工培植的神奇了。」

米歇爾閱讀過許多關於自然界魔術的兒童書籍，其中有些就告訴兒童們如何在蘋果還是青色時，把紙剪成字母，貼在蘋果皮上。這樣，當蘋果的其它部分因為陽光的照射變成紅色之後，被紙遮住的那部分仍舊是青色的。米歇爾不願看到他的上司在公眾面前把這種小小的把戲稱為「驚奇而令他不能理解的」。

於是，他自作主張，扣下了這篇文章，沒有予以刊登。

第二天早上，戴納一到辦公室，便馬上追問：「那篇關於蘋果的文章上有我批的『必』字，到哪裡去了？」

米歇爾戰戰兢兢著解釋了他為什麼把這篇文章扣留的原因。戴納的回答足以表現出他那種真正偉大的氣度：「如果有一個這麼好的理由，就盡可大膽地把我的『必』字槍斃了。你不必呈請『法官』或『陪審員』批准，就可以直接判它死刑。」

米歇爾的執著最後得到了戴納的刮目相待。

7 寧得罪君子，勿得罪小人

有一則寓言：一隻鹿瞎了左眼。鹿走到海邊，在那裡吃草。牠用好眼對著陸地，防備獵人襲擊；用瞎眼對著大海，以為那邊不會有什麼危險。恰好有人坐船從旁邊經過，看見了這頭鹿，一箭就射中了牠。鹿倒下時自言自語地說：「我真倒楣！原以為陸地危險，嚴加防範，而去投靠大海，想不到遇上了更嚴重的災難。」

這則寓言提醒我們：在利用小人時，一定要睜大雙眼，時刻提防。

小人之所以常常給人氣受，甚至樂此不疲，因為他這樣做別有所圖。要嘛是為了損人利己，爭得一些好處；要嘛純粹是為了陷害別人，避免別人勝過自己，謀求心理上的平衡。由此可見，小人有不同的層次。

有些生活在我們身邊的鼠輩，他們的眼睛牢牢盯著我們周圍所有大大小小的利益，隨時準備多撈一份，為此不惜一切代價，準備用各種手段算計人，令人防不勝防。他們平時或許能潛藏於團體內部，在背地裡做手腳，但狐狸尾巴終究藏不住，早晚有敗露的一天。

小人是琢磨人性的專家，敢於為小恩怨付出一切代價。因此，對付和利用小人，沒有一套辦法是不行的。

李林甫是時常伴隨在唐玄宗身邊的一個奸臣，心胸極端狹窄，容不得別人得到玄宗的寵愛。有一天，在李林甫陪同下，玄宗在花園裡散步，遠遠看見一個相貌堂堂、身材魁武的武將走過去，便感歎了一句：「這位將軍真漂亮！」並隨口問身邊的李林甫，那位將軍是誰。李林甫支吾著說不知道。此時他心裡很慌張，生怕玄宗喜歡上那位將軍。事後，他暗地裡指使人把那位受到玄宗讚揚了一句的將軍調到一個非常邊遠的地方，使這武將再也沒有機會接觸到玄宗，當然也就永遠喪失了升遷的機會。

郭子儀平定安史之亂，立了大功。但他並不居功自傲。為防小人嫉妒，他格外小心。一次，朝中有一個地位比他低的官吏盧杞要來拜訪，他事先做了周密的安排：家中侍女成群，他讓所有侍女到時候都避開，不要露面。

郭夫人對此舉感到不解，問他為什麼這麼做？

郭子儀告訴她，盧杞是個十足的小人，身高不足五尺，相貌奇醜，很忌諱別人說他醜。因為擔心家人見了他會發笑，所以讓所有家人都躲起來。

郭子儀對盧杞太瞭解了，在與他打交道時做到十足謹慎。後來，盧杞當了宰相，極盡報復之能事，把所有以前得罪過他的人統統陷害，唯獨對郭子儀比較尊重，沒有動他一根毫毛。這件事充分反映了郭子儀對待小人的辦法確是既周密，又老練。

同情弱者，是人的天性。在男女爭鬥的情況下，同情女性，也是人的天性。一般人會想：弱者明知打不過強者，為什麼會反撲？當然是被逼急了！被逼迫的人，理當獲得同情！這就好比一隻小貓撲向大狗時，無論小貓是不是在撒野，總能得到喝彩。同樣道理，當比你弱小的小人決定拼命，即使你的實力強得多，又有一百二十個道理支持你，也最好不要跟他正面衝突。不錯！你很強，可以一刀砍下他的頭，而他頂多只能傷了你一條腿。到頭來，你一定贏，他一定死。問題是：你非但贏得不光榮，而且你斷了一條腿之後，還能稱得上英雄嗎？

此外，當你發現你所面對的小人不惜犧牲他自己，甚至親人的生命，與你周旋到底的時候，就算你有理，也最好避一避。小人固然厲害，但我們不必怕他，避開他是因為不值得把太多精力浪費在一些沒有價值的爭鬥上。一旦把握不好自己行為的界限，得罪了小人，他就會想方設法破壞你的正事，分散你的精力，使你不能安心於工作、學習和生活。所以，自古以來才有「寧得罪君子，勿得罪小人」的至理名言。

8 難得糊塗，不妨來個得過且過

清代著名畫家鄭板橋有一句名言叫：「難得糊塗」。此語意在對應官場上做事的艱難、曲折與苦衷。但是，這句話同樣適用於立身行世所應採行的策略：善於不糊塗裝糊塗，得過且過，蒙過去就算。在平常處世交往中有些事情收縮性大，變通性強，問題的真相本身也不甚了了。這時，你就可以用這種辦法對付。

這種方法的具體運用，大致上包含兩方面：一是閃爍其辭；二是所問非所答。

現實生活中，人與人進行言辭交鋒，經常會碰到一些自己不能回答或不便回答的問題。對此，又不好拒而不答。這時，只有想方設法閃避一下才是上策。一般情況下，當你採用了閃避迴旋的策略之後，別人就不會不知趣地窮追不捨了。

這種方法的要求是：對別人所問，應當回答，但要答得巧妙；即明明知道對方的真實目的，但有意迂迴地達到躲閃、迴避其問話的目的。既要讓對方不致難堪得下不了臺，又要維護自己不便答的原則。

迪戈·馬拉杜納在代表阿根廷足球隊與英格蘭球隊相遇時，踢進了致勝的一球。

但這是一個「頗有爭議」的「問題球」。據說，當時有一位墨西哥記者曾拍下他用手把球撥入的鏡頭。

可是，當記者問馬拉杜納，那個球是手球還是頭球時，馬拉杜納機敏地回答：「手球的一半是迪戈的，頭球的一半是馬拉杜納的。如果有一隻手，那就是上帝之手。」這回答頗具心計。倘若他直言不諱地承認「確係如此」，對裁判的有效判決無疑是「恩將仇報」。但如果不承認，又有失「世界最佳球員」的風度。而這妙不可言的「一半一半」以及「上帝之手」，等於既承認了球是手臂撞入的，頗有「明人不做暗事」的大將氣概，又在規則上肯定了裁判的權威。

這種方法的妙處，就在於「真則假之，假則真之；正話反說，反話正說」，先是迷惑對手，然後體面地從困窘中脫身出來。這正是立身行世應當學習的巧妙應對。

有一位作家曾記載了這樣一件事：

有一次，一位導演有急事去女澡堂找一位女演員。在外面喊了幾聲，沒有人應聲，他就推門進去。他原以為女演員還在浴室，不在更衣室，哪知她已回到更衣室，蒙著頭巾在擦頭，豐滿的胸部以下完全裸露。

見有人闖入，那女演員驚叫了一聲，急忙轉身。

見此情景，導演趕緊把門關上，叫了一聲：「噢！對不起，先生！」這位導演就用了這一招，使那女演員不致感到羞怯、避免尷尬的場面，給對方留下階梯下，從而了結了此事，真是高明之至。

對話中，若因對方提出的問題比較敏感，或者涉及某種「隱私」，不好回答，面對客人，又不能不答，這時就需要用到「所問非所答法」。這種方法與前可的「閃爍其辭法」儘管都是裝糊塗，但又有所不同。前者是故意讓對方知道自己在為他掩蓋錯誤，以便討得對方信任的一種主動行為；後者則是在對方首先提出問題，自己本不想答但又不得不答的情況下，或「移花接木」，或「引入歧途」，從而既使對方不尷尬，自己又能反客為主的應變技巧。

有這樣一則劉墉智對乾隆的傳說：

有一次，乾隆皇帝突然問劉墉一個非常奇怪的問題：「京城共有多少人？」

劉墉非常冷靜地回答：「只有兩人。」

乾隆再問：「此話何意？」

劉墉答道：「京城的人再多，其實只有男女兩種，豈不是只有兩人。」

乾隆見沒有難住劉墉，又問道：「今年京城裡有幾人出生？有幾人去世？」

劉墉回答：「只有一人出生，卻有十二人去世。」

乾隆不解：「此話怎講？」

劉墉回答：「今年出生的人再多，都是一個屬相，豈不是只出世一人？今年去世的人則十二種屬相皆有，豈不是死去十二人。」

乾隆不由得對劉墉的聰明才智更加佩服。

劉墉的回答的確非常巧妙。皇上發問，不回答不行；答吧，心中沒底，又不能亂侃。幸虧他急中生智，趣對皇上。這就叫「所問非所答」。

在千變萬化的人生旅程中，什麼樣的怪問都可能碰到。對付這類問題，最佳方案就是利用語言的多義性來一個腦筋急轉彎，切不可陷於被動。

9 以面厚心黑作為世俗的盾牌

主張正義的人必無所畏懼。他們敢於捨去世俗的東西，以厚黑作為世俗的盾牌，抵擋來自各方面的謠言、毀謗、誣衊。面對不平等、不公正的事，他們敢於挺身而出；即使被擊敗了，也絕不退縮。

殷景仁受嫌遭忌，在對手步步進逼之時，主動遜位以避其鋒，採用以柔克剛，明哲保身之術，以守為攻，以退求進，待時機成熟時，就一舉擊敗對手，不讓對手有喘息的機會，可說是個知退知進，善於審時度勢的智士。

劉湛字弘仁，東晉時代南陽涅陽（河南鎮平）人。出身於官宦世家，祖父劉耽、父親劉柳皆官至東晉王朝左光祿大夫。自小受到很好的家庭教育，「博涉史傳，諳前世舊典。」但他「不為文章，不喜談議。」他少有大志，常以管仲、諸葛亮自比，是劉裕代晉自立，建立宋朝的功臣之一。

宋武帝劉裕死後，長子劉義符繼立。劉義符昏暴淫亂，兩年後被執政大臣徐羡之、謝晦等人廢掉並殺死。同時被殺死的還有劉裕的次子廬陵王劉義真。徐、謝迎立宜都王劉義隆（劉裕三子）做了皇帝，是為宋文帝，改年元嘉。

元嘉六年（四二九年），劉義隆重用彭城王劉義康（劉裕四子）為自己的幫手，任命其為錄尚書事，與王弘共執朝政。王弘自以為是外姓，遇事推讓；劉義康總攬朝政，權傾群臣。

劉義康為彭益成王時，劉湛是彭城長史，深得他的信任。劉義康主持朝政，劉湛的勢力也跟著膨脹起來。元嘉九年（四三二年），王弘等老臣先後謝世，劉義康得以專主朝政。劉義隆雖信任劉義康，但尚能自掌權柄，有一定的主見。他起用領軍將軍殷景仁為尚書左僕射，以制約弟弟。此時劉湛為劉義康推薦，也由太子詹專升任為領軍將軍。

本來，劉湛開始步入仕途時，曾受到殷景仁的推薦。但此時他有劉義康作靠山，見殷景仁的官職比他還大，就暗生忌恨之心，千方百計要排擠殷景仁以取而代之。可是文帝很信任殷景仁，況見這是他親自任用的人，自然格外照顧。劉湛雖百般譭毀，但也無可奈何。殷景仁反而又被加授中書令兼中護軍。劉湛更加氣憤。

殷景仁也知道劉湛排擠自己，深悔當日不識人，曾經對親朋歎自道：「引虎入室，便即噬人。」為了避其鋒芒，他上書以有病為由，請求辭職。劉義隆堅決不許，但允許他帶職在家養病。劉湛還不罷休，竟欲派手下扮作強盜，去刺殺殷景仁。謀尚未行，就有人向劉義隆密告。劉義隆立即傳令，讓殷景仁住到巴掖門，使其接近宮禁，便於保護。

這樣，劉義隆全力保護殷景仁，劉義康專意信任劉湛，兩人各有靠山，形成了水火不相容之勢。劉湛志大而少謀術，一切都公開進行。他約束劉義康的所有屬員及他自己的朋友不准登殷景仁之門。

彭城王主簿劉敬文的父親劉成不知道有這條不成文的內部規定，曾到殷景仁處請求一個郡守之職。劉敬文知道後，嚇得靈魂出竅，慌慌忙忙到劉湛府中長跪請罪。劉湛問是何事，劉敬文聲帶顫音地說：「屬下老父老糊塗了，竟到殷府去求官職，實出敬文意外。敬文不加預防，事先未告知老父，內懷愧疚，闔門慚愧，特前來請罪。」劉湛聽後，冷冷地回答：「父子至親，奈何不先通知？這次且不必說，下次要格外小心。」劉敬文聽罷，連磕幾個響頭，方才離去。

殷景仁見劉湛、劉義康權勢很大，一時難以硬鬥，就採取以柔克剛的方法，終日在家閒居，名為養病，實是逃避是非。文帝每遇軍國大政，即派人密往殷宅，進行諮詢。因此，殷景仁雖在家閒居，朝中之事盡知，而且每問必答，為文帝出謀劃策。但這一切都是在暗中進行，外人根本不知。為此，劉湛也放鬆了對他的警惕。

殷景仁繼續在家養病，劉湛繼續在劉義康府中掌權。時間一過就是五年，朝廷中發生了重大的變化。

元嘉十七年（四四〇年），劉義隆因貪色而得重病，又逢袁皇后死去，病中加悲，越發精神恍惚，索性把一切軍國大政交給彭城王劉義康。劉義康雖是宗室權臣，但事兄至忠，兄弟很友愛，他總攬朝綱，處理軍政要事，內侍皇帝疾病，甚至皇帝吃的藥，他都親口嘗過，方讓呈入，防止有人下毒。他每天夙興夜寐，勤勤懇懇。

劉義康之失在於不讀書，不通歷史，不知君臣之大防。他自以為是親兄弟，故毫不避嫌。執政日久，內外只知有彭城王，不知有皇上，故供獻禮品都先送王府，再送皇宮。一天，劉義隆想吃柑子，近侍忙去取來，結果都乾巴巴的，有的變了味。劉義康忙說：「我家有好的。」立即派人去取。取回一看，又新鮮又大，「大供御者三寸」。文帝心中一動，劉義康全然不覺。

與此同時，劉湛等人積極籌劃，待文帝一死，就立刻擁立劉義康為帝。

惜乎天不作美，劉義隆經御醫精心治療和劉義康用心護理，竟大病得癒。吃柑之事，他對劉義康已心存戒備。病好後又聽到劉湛等人的祕密，便決心剷除這個毒瘤。但因劉湛等人皆在，不便輕易下手，怕打草驚蛇，激成禍變。

正當苦無機會，碰巧劉湛的老媽死了。古時，居官者父母死亡之時，要丁憂三年，除特殊需要外，本人必須主動去職。此時劉義隆當然不可能「特殊需要」劉湛。

劉湛這次卻很精明，辭職時對親朋說：「這回要大禍臨頭了！」但他不敢不辭職，因為不孝的罪名會更大。

殷景仁對朝中的情況了如指掌，聽說劉湛辭官守喪，馬上來了精神，讓家人趕快把閒置多年的衣冠取出，拂去灰塵。家人都莫名其妙。

天剛黑下來，果然宮中有密使出來，促殷景仁快速入宮。殷景仁趕忙穿戴整齊，應召趨入。原來，文帝決心要翦除劉義康的羽翼，裁抑他的權勢，然後貶黜他。

殷景仁聽後，一力承擔，當即為之出謀劃策。他讓文帝先用詔書召劉義康入宮，留宿在中書省，使劉黨外無主心骨。劉義康應召而來，時已夜半，即被軟禁。接著打開東掖門，召殿中將軍沈慶之入宮面授旨意，讓他控制朝廷及宮中局面，又分派兵丁去逮捕劉湛父子及劉湛死黨劉斌、孔胤、劉敬文等。天明時，這些人已被投進大牢。

當天晚上，文帝下詔公布劉湛等人的罪行，在獄中誅殺劉湛父子及奸黨八人，一面派人通知劉義康。劉義康至此才知道自己已經受到嫌疑，遂上表辭職。文帝下詔出劉義康為江州刺史，往鎮豫章。這一天是元嘉十七年（四四〇年）十月戊辰日。

10 換個思維方式會更好

《厚黑學》最反對直來直去的處世辦法。採取迂迴的辦法，或從另一個角度著眼，以爭取最有利的結果，是成功人士經常採用的行事策略。

一、獲得所需要的人才及支持者的心。

得到人才的關鍵是獲得人心，讓他真心實意為你做事，並使他們的朋友、家人、盟友對你產生良好的印象，無形中給你帶來更大的支持和發展之機。在戰場、商場，都有同樣的效果。

二、發現新的發展機會。

一般人習慣於盯著表面事物，做事也就喜歡從眾，結果是千軍萬馬同時擁上一條道，再寬的路也會變得擁擠不堪。在經濟領域，這樣的「一窩蜂」現象不知毀了多少人的前程。「股票熱」、「網路熱」、「房地產熱」等等，此起彼伏。到最後，成功者寥寥，損兵折將，甚至全軍覆沒者所在都有。但也就是在這個「熱」、那個「潮」推波助瀾之同時，有些眼光高遠、思維敏銳的人物卻從這些「熱」的背後，被人忽視甚至看不上眼的地方一發而起，成就非凡。

19世紀中葉，美國加州出現一股淘金熱。這是發財的捷徑，許多人都懷著發財夢，紛紛擁向西陲的加利福尼亞。

十七歲的小農夫亞默爾也想去撞撞運氣。但他窮得買不起船票，只能跟著大篷車，一路風餐露宿，趕往加州。然而，事與願違，他在加州根本沒有找到金子。後來，他竟靠賣涼水賺了錢。原來礦山裡氣候乾燥，水源奇缺，找金子的人最痛苦的事就是沒水喝。這些人一邊尋找金礦，一邊抱怨：

「要是有人給我一壺涼水，我寧願給他一塊金幣！」

「誰要是讓我痛痛快快地喝一頓，出兩塊金幣也幹！」

這些找礦人的牢騷給了亞默爾一個非常有價值的信息。他想：賣水給這些人喝，也許會比找金礦賺錢更容易。於是，他毅然放棄了自己辛苦奔來加州的最初目標，下力氣挖渠引水。引來的水經過過濾，就變成清涼怡神的飲用水，然後把這些水裝進桶裡、壺裡，賣給找金礦的人。

當時有許多人嘲笑他，說他放著肥肉不吃，卻偏要去啃骨頭，有挖金子賺大錢的好活不做，卻要幹些蠅頭小利的營生，那又何必背井離鄉，跑到加州來呢？

亞默爾絲毫不為所動，繼續賣他的飲用水。結果，在很短的時間內，他就賺了六萬美元。這個數目在當時是非常可觀的。

就在許多人因為找不到金礦而在異鄉忍饑挨餓之時，亞默爾卻成了一個小富翁。

另外，在同一時期，另一個名叫李維・施特勞斯的年輕人也隨著美國西部淘金者的景象擊碎時，他把眼光投向那些淘金者身上，開始做起小百貨生意。

一天，一名光顧他的百貨店的淘金工人需要工裝褲的話啟發了他，使他發現了屬於自己的寶藏——當時以淘金工人為對象的工裝褲，後來成為全球時尚愛好者青睞的牛仔褲。

生意場上，把獨出心裁的創意變成市場，便能大獲成功。然而，如果自己的創意犯了世人的忌諱，那可就得小心。一旦失敗，面臨的壓力和冷嘲熱諷備定很可怕。這時，沒有厚學功夫做底子，一般人很難有東山再起的能力。不過，遇到頑固的厚學傳人，情況就不同了。他會一直堅持到底，非搞出名堂不可。

11 走別人不願走，不敢走的路

泰國的養鱷大王楊海泉出生於一個貧苦的華僑家庭。由於家境困難，他只斷斷續續上過一年小學，從10歲起就做了童工，先後在照相館幫傭，到客棧當店小二，做金鋪的夥計，還做過賣百貨的小生意。

15歲那年，在別人幫助下，他開了一家小小的雜貨店，主要收購當地的土特產，轉賣給商人。但是，沒多久，雜貨店就關門了。這是他在生意場上的第一次失利。

楊海泉從此次失敗中總結出一條經營之道。即：在激烈的競爭中，必須獨闢蹊徑，大膽開創冷門生意。這樣才能獨佔鰲頭，立於不敗之地。

可是，冷門生意在哪裡？

一天，楊海泉遇到一個以獵殺鱷魚為生的舊相識。兩人碰到一起，大談鱷魚，談出了興趣。那人說：「鱷魚越來越難捕獲了。為此，就連小鱷魚也在捕殺之列。」

楊海泉靈機一動，立即想到：這樣濫獵濫捕，即使是一座金山，也會挖空的，何況是動物？如果把鱷魚的幼仔飼養起來，就像養羊養豬那樣，長大了再殺，不就可以

「無窮無盡」了嗎？

然而，畜養鱷魚，自古未聞，家人和親友對此都不屑一顧，對他冷嘲熱諷。

楊海泉毫不動搖。對於他人的嘲笑，臉皮一厚，全都不當回事。他說幹就幹，一面扮作獵鱷者，到鱷魚產區去廉價收購幼鱷，一面很快就在自家的地裡修築了一個養鱷魚的池子。小鱷魚不值錢，楊海泉是一個十分勤勞的人，得到了那些獵鱷人的好感，很多人就白白將小鱷魚送給了他。

小鱷魚日漸增多，但楊海泉很窮，拿不出鱷魚飼養費。親戚朋友看到他這種「反常」的舉動，都紛紛前來勸阻。楊海泉的母親更是反對，以「養虎傷人，養鱷積惡」之論斥責他，說他是異想天開，想錢想瘋了……但是，楊海泉就是有一股「九頭牛拉不回」的倔勁兒，一點也沒有動搖。他認為，別人嫌棄，不願幹的，才有可能取得成功；別人沒走過的路，走起來才會更加寬廣……

人工飼養鱷魚是一件前無古人的事，沒有規律可循，沒有老師可拜，敢為人先的人就必須有膽量接受各種磨練。剛開始，由於缺乏飼養經驗，有些小鱷魚因此喪命。成年鱷魚給人的感覺十分兇悍，小鱷魚的生命卻很脆弱，對氣候反應很敏感，小小的驚恐就會使牠們因痙攣而生病，嚴重的還會殘廢或喪命。這一切並沒有嚇住楊海泉，他經過日夜認真觀察，這個問題終於得以解決，成功地闖過第一關。

一波未平，一波又起，更大的問題在等著他，主要有以下兩個方面：

一、小鱷魚喜歡吃魚類或肉類，楊海泉很難拿出那麼多錢去買飼料；

二、隨著鱷魚不斷長大，原來的鱷魚池已經不能容納，他缺乏必要的資金擴建。

沈重的經濟負擔使他喘不過氣來。眼看就要堅持不下去了，楊海泉只好含淚操刀，宰殺部分基本達到出售規格的鱷魚賣掉，以換取資金。就這樣一面飼養，一面宰殺，經過三年的時間，才基本解決了經濟危機，慢慢地，手頭上有了一定的盈餘。

為了提高鱷魚的價值，他購買了自己的屠宰設備，鑽研獨有的宰殺技術。當時，泰國的鱷魚產品都是由捕殺鱷魚的人在捕捉的時候宰殺，設備很簡單，加工很粗糙，鱷魚皮的質量不高。他之所以這樣做，就是希望生產出一流的產品。

楊海泉此舉可說十拿九穩，很快就生產出高質量的鱷魚皮產品——「海泉鱷魚皮」，得到消費的青睞，售價比一般鱷魚皮產品高出了許多。

憑藉「海泉鱷魚皮」的名牌優勢，他很快就佔居先機，成立了一家「友商貿易行」，包攬了鱷魚皮的出口業務，生意做到了國外。他善於經營，講求信用，名聲越來越大，越來越好，生意當然就更加紅火，實力也更加雄厚了。

12 水漲船高，是友非敵

人際往來，尊敬是起碼的禮節。《厚黑學》不是教人孤傲冷漠、疑神疑鬼、忘恩負義、自私自利、損人利己，也不是教人卑躬屈膝、喪志厭世，而是教人立身行世方圓有度、進退有節、公私兼顧、恩怨分明。李宗吾本人就是照此奉行不輟。

他講過一件事例，對我們實行厚黑大有教益。他說：「去年吳稚暉在重慶時，新聞記者、友人毛暢熙約我一同去會見他。我說：『我何必去會他？他雖然讀遍中外奇書，獨獨沒有讀過《厚黑學》。他自稱是大觀園中的劉姥姥，這次由重慶到成都，登峨嵋，遊嘉定，大觀園中的風景和人物算是看遍了，獨獨對於大觀園外面有一個最清白的石獅子，他卻沒有看見。歡迎吳先生的大會，我也去過，他的演說，我也聽過。石獅子看見劉姥姥在大觀園進進出出，劉姥姥獨不知道有石獅子，我不去會見他，特地給他留點憾事。』」

首先，居高位者應善於發現並利用千里馬，即善為伯樂。

俗話說：「金無足赤，人無完人。」人總難免有長處，也有缺陷。即所謂「尺有所短，寸有所長。」正如太陽中有黑子，月亮有圓缺，哪怕再精美的寶玉也會有小小的瑕疵。

因此，居高位者應當學會看到別人的長處，忘掉別人的短處，懂得「瑕不掩瑜」的道理。善用千里馬，即是伯樂之才。

三國時代，劉備謙恭仁義，對待手下將士關愛有加，善於發揮他們各自的長處，而不去計較他們的短處，故而關雲長甘心千里走單騎，護送嫂夫人，趙子龍在千軍萬馬中救出阿斗。劉備自謙無德，從不指斥屬下的缺陷，而是量才為用，因材施職。

《老子》中有一句名言：「知不知，尚矣。」

意思是說：明明知道，卻又裝作不知，這是很高明的。

居高位者貴人所長，忘其所短，且要做到「公而忘私」。這裡的「忘私」，是指拋棄自己高高在上的優越感，忘掉自己的身分、地位，以平常心看待自己的下屬或其他人。我們平日所說的「忘其所短」的「忘」字也正是這樣一層涵義。真正意義上的「忘」是不可能的。一個人的缺點一旦被你發現，你必定很難將它從你的記憶中抹去。這裡所說的「忘」，是適當地裝糊塗。

裝糊塗，其真意不在於袒護或包庇下屬的短處，任其為所欲為。如果下屬的缺點無關大局，無傷大體，不會造成惡劣的影響，那就裝裝糊塗。但如果他的缺點性質惡劣，不僅可能破壞大事，還可能造成極壞的影響，則應立即加以遏制。但是，要注意方法。所謂「懲前毖後，治病救人。」不能舉棒高喝，一棍子打死，要選擇恰當的時機，心平氣和地與他談，推心置腹，擺清利弊，使他明白孰是孰非，真正從心裡深處接受並善加調整。

另外，居高位者要廣開言路，博採眾議，虛心聽取下屬所提出的意見。

居高位者如果閉目塞聽，自以為是，無異於閉門造車。古人云：「智者千慮，必有一失；愚者千慮，必有一得。」兼聽本身便是聰明的捷徑。「聽君一席話，勝讀十年書。」善於聽的人可以通過聽別人的議論，拓寬視野，增長見識，豐富閱歷，是自我完善的有效途徑。

再愚鈍的人也可能想出好辦法；人無論何等聰慧機智，也難免有失誤之處。我們並不是要譏笑智者百思以後仍然不能避免「一失」，而是要提醒大家，應當注意愚者的「一得」，不能隨隨便便地認定某某人蠢笨，不會想出什麼妙招，因此瞧不起他。

俗話說：「三個臭皮匠，頂一個諸葛亮。」集思廣益，廣泛地聽取別人的議論，對自身大有稗益。即使聽了都牢牢記住，卻不加區分、甄別，聽一句就記一句，又會使自己的思路出現叉口，最後莫衷一是。居高位者不善聽，會聽不會斷，必然不知該選擇哪條路好，猶豫躊躇間，難免錯過成功的機會。

博採眾議，最大的好處在於籠絡人心。居高位者善於傾聽下屬的議論，會使下屬心中感到受了重視。尤其是處理那些複雜難辨的事情，博採眾議會產生意想不到的效果。「沒有永久的敵人和朋友，只有永久的利益。」這是西方人普遍奉行的準則，與《厚黑學》的精神不謀而和。

三國時代，赤壁大戰，不習水戰的曹操大軍由於重用了熟悉水戰的荊州降將蔡瑁、張允，水戰能力大為提高。

吳軍都督周瑜乘船察看，發現曹軍設置的水寨竟然「深得水軍之妙」。他知道，以劣勝優，需揚長避短；要揚長避短，就得防敵變短為長。於是，他暗下決心：「吾必設計先除此二人，然後可以破曹。」

真是無巧不成書。周瑜正絞盡腦汁，設謀定策之時，曹操手下的謀士，他的故友蔣幹來訪。他一眼就目出蔣幹的來意，一是說降，二是刺探軍情。於是，他想出一條利用「朋友」的妙計。

周瑜當晚大擺筵席，盛情款待蔣幹。席間，他大笑暢飲。夜間，佯作大醉，挽住蔣幹的手說：「久不與子翼（蔣幹的字）同榻，今宵抵足而眠。」

當軍中打過二更，蔣幹起身，見殘燈尚明，周瑜卻鼻息如雷。這時，他看見帳內桌上堆著一疊公文，急忙近前觀看，見都是來往書信，內有一封寫著「蔡瑁、張允謹封」。他大吃一驚，急忙取出偷看。信中寫道：「某等降曹，非圖仕祿，迫於勢耳。今已賺北軍困於寨中，但得其便，即將操賊之首獻於麾下。早晚人到，便有關報。」

蔣幹尋思：原來蔡瑁、張允竟然暗結東吳。於是將書信藏在衣內，到床上假裝睡覺。大約四更時分，有人入帳，低聲呼喚周瑜。周瑜故作「忽覺之狀」。那人說：「江北有人到此。」周瑜喝道：「低聲！」又轉過頭衝著蔣幹喊了兩聲。蔣幹佯裝熟睡，沒有作聲。於是，周瑜偷偷走出營帳。

蔣幹趕緊爬起來偷聽，只聽得外面有人說：「張、蔡二都督道：『急切間鎮得下手。』……」後面的話聲音太低，什麼也聽不清楚。

不一會，周瑜回到帳內，又睡了過去。

五更時分，蔣幹低聲喊了周瑜幾聲。周瑜沈睡，沒有應聲。蔣幹見周瑜熟睡未醒，當即披上衣服，溜回江北。他向曹操報告了自己之所見，並交上那封偽造的書信。曹操勃然大怒，立即下令斬了蔡瑁和張允。

當兩顆血淋淋的人頭獻上時，曹操方才恍然大悟，扼腕道：「吾中計矣！」

就這樣，周瑜利用蔣幹這個老朋友，巧妙地假曹操之手，一舉除掉了兩個最大的隱患。當然，蔣幹怎麼向曹操交差，那就不是周瑜所考慮的事了。

這個事例充分說明，對「朋友」和「敵人」，不可過於執著。「朋友」和「敵人」常常可以互相轉換，應該看得淡些，看得遠些，變換處理。

在生意場上，情況更是如此。應該記住「生意不成仁義在」的信條，絕不可對生意場上的「敵人」痛下殺手。因為說不定有一天，碰上一個什麼新的機遇，你的「敵人」馬上變成了「朋友」，你如果當時對他下了狠手，此時你不是很尷尬嗎？說不定一樁大買賣的機遇就此失了。

ch.5

三分仁義，
七分厚黑

1 逢人只說三分話

為什麼說，做老實人吃虧？

一方面，老實人總把自己的心思透露出來，在別人眼裡，如同透明體一個，好事、壞事明明白白，好事不能幫其得益，壞事往往成為別人欺負他的最好理由。另一方面，老實人做事、說話總是按部就班、直來直去，通常討不了有私心的上司和女人的歡心。

身處於競爭環境之中，依厚黑學之所見，當己方要實施某項於對手不利的計畫時，表面上一定要裝得若無其事，宣傳上要有好，讓對手找不到破綻，使其深信不疑，從而安下心來，喪失警惕；暗地裡，己方卻要緊鑼密鼓地加緊圖謀，做好充分的準備，再採取行動。

在對手面前，外表上要柔和，骨子裡卻要剛強。

《增廣賢文》中有一句話說：「逢人且說三分話，未可全拋一片心。」意在告誡世人：與人相交「小心為上」！但它常常被人批為「不夠忠誠」。其實，從立身行世的角度看，這句話本身並沒有什麼錯，甚至可以說是至理名言。

歷史上以「假話」騙取對手的「真心」，而後將對手陷害至死的事太多了。尤其是那些天子近侍、假男人，總是布置了許多說假話的心腹，前去各個重臣身邊，用「假話」騙得大臣的「真心」，然後將其殺害。和這些宦官的耳目相逢，你若不能「逢人且說三分話」，就很可能遇到殺身大禍。

明朝兩大怙惡不悛的宦官，一為武宗時的劉瑾，二為天啟年間的魏忠賢。

劉瑾以「八虎」為其核心，他本人就是「八虎」之首；魏忠賢的黨羽有五虎、五彪、十狗、十孩兒、四十孫……

他們所用之法，如出一轍，都有明暗二手：明的是栽贓陷害；暗的就是派出爪牙，以花言巧語結交高官顯貴，以「假話」換「真心」，探知所接近之人的真實想法，而後告密、陷害，誅滅其九族。

當然，劉瑾與魏忠賢這兩個奸宦最後都被誅戮，不得善終。但他們所造成的人人不敢說真話的局面，卻使國家走向衰敗。

對待心懷不軌的人，就得使用以厚制厚、以黑對黑的手段。

漢高祖劉邦的皇后呂雉長得很美。劉邦在得志之前，只是一個小小的泗水亭長。

當時他說：「一個男人能得到呂雉這麼漂亮的女人做老婆，已經十分難得了。」劉邦創出漢朝天下，呂雉也幫了不少忙。

劉邦先前最寵幸的是戚姬，戚姬為劉邦生了兒子如意。呂雉自己也為劉邦生了個兒子劉盈。起初，自然是立了呂皇后所生的劉盈為太子。但劉邦說：「劉盈不像我，如意最像我，應該廢了劉盈的太子之位，改立如意。」

呂后用了許多計謀，終於穩住了劉盈的太子之位。待劉邦一死，劉盈便順理成章，繼承了帝位。

這時，呂雉的心黑就完全顯露出來了。她把戚姬關在豬圈裡，弄斷她的手腳，弄啞她的喉嚨，弄瞎她的眼睛，弄聾她的耳朵，使她成為一個「人彘」。同時，她還把如意用毒酒毒死了。

這兩件事使惠帝劉盈大為惱怒。他對自己的生母呂雉說：「你的所作所為，不是人所能做出來的。我雖然是你的兒子，但我實憂不齒於有你這樣的母親。我不能再治理天下了。」

從此以後，劉盈不再問政，整天飲酒淫樂。

呂雉正巴不得呢！她臨朝稱制，專斷獨行，朝政弄得面目全非，已無昔日劉邦在位時的景象。

惠帝在位七年就死了。

呂雉在劉盈發喪後，想把自己娘家的侄子呂台、呂產、呂祿都拜為將軍，並進一步封王享爵。

她問當時掌握朝廷大權的右丞相王陵：「你認為，把呂台、呂產、呂祿等都封王，怎麼樣？」

王陵回道：「高祖皇帝在世時，曾經和眾臣殺白馬訂立盟約：『非劉氏而王者，天下共誅之。』現在太后要把呂姓人封王，與盟約不合。」

呂雉很不高興，又用同樣的問題去問左丞相陳平。

陳平回答：「高皇帝定天下，幫他的子弟為王。現在太后稱制，要把自己的親屬封王，沒有什麼不可以。」

呂雉十分高興，便把呂姓的主要親屬都封了王。

王陵為此責備陳平：「從前高皇帝立盟時，你也在，現在你怎麼違背當時的誓約，同意把非劉氏的呂氏眾人封王呢？」

陳平回道：「若論當面與太后爭議，我不如你。然而，論及穩住大局，讓劉姓繼續稱帝，你不如我。」

王陵問道：「此話怎講？」

陳平回答：「如今權力在呂氏手中，你不讓她把娘家人封王，她可以廢掉劉氏皇帝，另立呂氏皇帝，那不是毀了高皇帝創立的漢室江山嗎？讓她封娘家人為王，她就沒有了廢『劉』帝而立『呂』帝的藉口，這不就保存了劉氏江山嗎？呂氏如此強橫，她以前的所有功勞也都化為烏有，一旦她過世，她娘家的那些『王』爺能保多久？」

王陵聽罷，深感有理。

不久，王陵被撤銷了右丞相職務，由陳平升為右丞相。

呂雉於八年後死去。她死後不久，她親手所封的幾個呂王無一倖免，還誅連了呂氏滿門。

2 拍馬不驚馬才是真工夫

關於拍馬，詞典中解說：「拍馬：拍馬屁。指奉承人家的意思。」從古至今，奉承話人人會說，且大都說過。換句話說，人人都做過某種奉承拍馬的事。但如何做到「拍馬不驚馬」，卻很不容易。

在這方面，有史可查，最成功的範例當推三千多年前的周文王姬昌。他的成功之處，首先在於靠「奉承拍馬」存活下來。雖然，直接開創周朝八百年國祚的是他的兒子周武王姬發，但其實全靠他通過渭水訪賢，聘得賢相姜子牙出山輔佐，為伐紂興周打下堅實的基礎。倘若不是姬昌此前多次使出「拍馬不驚馬」的高超手段保全了自己的生命，又哪來後世的八百年國祚？

許多人都知道，姬昌的死對頭是商紂王。實際上，早在紂王的上兩代，也就是他的祖父太丁和父親帝乙，都曾千方百計，想要除掉姬昌。

太丁在位時，周邦只是商朝治下的一個小方國，周邦之主是姬昌的父親季歷。太丁委任季歷擔任牧（地方長官），負責西部地區的事務。當時的西部地區就是今天的陝西及其以西的廣大地域。

季歷治理有方，以西岐為根據地，幾年內就馴化或結合或征服了十數個西部小國，使之全部臣服於商。

這下子，太丁起了疑心，暗自想道：許多西部小國雖然成為商朝的屬國，但他們是臣服於季歷。長此以往，季歷將來肯定尾大不掉，成為殷商的心腹大患。我豈能不防患於未然。

不過，太丁仍然把季歷召到殷都，給了他許多獎勵，還加封他為西伯侯。

季歷當然感激不盡。然而，待他欲辭別回返西岐，太丁卻不讓他走，而將他囚禁起來，並很快將他謀殺了。

季歷人死了爵位還在，他的西伯侯由其兒子姬昌繼承下來。姬昌一時一刻也沒有忘記商朝謀害自己父親的仇恨，朝朝暮暮想著要報這殺父之仇。

天命不爽，謀害季歷的太丁也很快死去，在位僅僅幾年時間。他死後，由他的兒子帝乙繼位。

帝乙老奸巨猾，繼位後，即策劃組織強大的兵力攻打周邦。此時，商朝轄有諸侯一千八百多個，周邦的力量頂多抵得五個小國的勢力，與商朝的力量對比還處在一比三百的懸殊狀態中。

西伯侯姬昌深知自己根本不堪一擊，於是想出了「奉承拍馬」以保全自己的實力以及報仇的大業。

太丁有一個女兒叫亮麗公主，是個醜女，年紀已經過了二十歲還嫁不出去。在當時，女子十三歲就「及笄」，已可以出嫁；到二十多歲還嫁不出去，已經是老女了。姬昌派出自己的心腹散宜生帶許多聘禮到殷都，對帝乙大肆「奉承拍馬」一番，宣稱西伯侯欲娶亮麗公主為妃。

散宜生是有名的說客，口若懸河。他對帝乙說：「父死，長兄為父，亮麗公主能得陛下為長兄，乃是她的福氣。陛下當為她做主，答應她與西伯侯的婚事，以保亮麗公主一生福壽錦長，並使西伯侯永遠忠於殷商。」

另外，他對亮麗公主本人也發動了「奉承拍馬」的攻勢。因亮麗本是醜女，他不能吹捧她如何如何國色天香。他如此說：「公主嫁到西岐，必使整個西部地區永久臣服，永修和睦。」

對商朝的文武大臣，散宜生也不忘「奉承拍馬」：「諸位都是朝廷的臣工，定然知道朝廷的鞏固安寧即是諸位的前途所在，理當促成西伯侯與亮麗公主的這段美滿聯姻緣。」

姬昌娶了亮麗公主之後，商朝在帝乙統治下的二十來年內，再也沒有試圖發動對周國的戰爭，使姬昌贏得了積聚力量的時間。姬昌所使用的「拍馬而不驚馬」策略取得了空前的成功。

帝乙死後，他的兒子繼位，即是紂王。紂王是姬昌的死敵，曾多次策劃害死姬昌。一次，紂王以召集諸侯會議為名，意圖暗中刺死姬昌。另一次，他藉故將姬昌囚在牢裡，想藉詞賜死。姬昌對付紂王的策略，無一例外，都是在公開場合對他「奉承拍馬」，吹捧其為「聖君」、「父母」、「保護神」，使他聽了，心裡十分舒服，如飲蜜水，因此從心理上消解了對自己的殺機。

現實生活中，逢人說好話、套話、吉利話，司空見慣。魯迅曾說：「任何一個嬰兒從呱呱墜地之時起，就已注定最後必定死亡。但在小孩做『三朝酒』、『滿月宴』和『周歲賀』時，所有賓客無一例外，都只會說此『長命百歲』、『吉慶一生』的祝賀語，決不會說『這孩子老了必死』之類的言詞。儘管這『人之必死』乃是千真萬確之理，明白人總是不會說的。」

3 感情投資，本小利大

立身行世面厚心黑之術強調「虛情假意」，其目的何在？說到底，是為了追求回報。因此，可以把它看作是一種感情投資。既然是投資，最好的結果就是本小利大。

人是有感情的動物，每個人都有愛的需要，也都有仁慈心、同情心。因此，通過滿足別人感情上的需要、饑渴而做投資，必可達到雙方得到的目的。從古至今，凡大政治家或事業上的成功者，無不把精神獎勵當作激勵下的重要手段，相應的也就產生了獎牌、獎狀之類有別於物質的賞賜。

唐肅宗問功臣李泌：「將來天下平定，你打算要什麼封賞？」李泌回答：「只要能枕在陛下的大腿上睡一覺，就心滿意足了。」肅宗聽後大笑。

後來，肅宗駕臨保定，李泌像往常一樣，為他打點好行宮。因久等肅宗不到，李泌就躺在自己的床上睡著了。等他醒來，睜眼一看，自己居然枕在肅宗的大腿上。李泌大吃一驚，連忙伏地謝罪。肅宗攙住他，笑問道：「現在愛卿的願望已經實現，天下何時才得平定？」

原來，肅宗到來時，見李泌正在酣睡，就悄悄爬上床，把李泌的頭輕輕放在自己的大腿上，以此了卻李泌的一大心願。

依厚黑學之理，肅宗以一條大腿付出片刻之勞，這種小小的感情投資，令功臣感激涕零，簡直太值得了。所以說，感情投資，不在乎有沒有東西或者東西多少。有時候，一錢不值的東西也能籠絡人心。

在福斯波羅公司的早期，急需一項性命攸關的技術改造。一天深夜，一位科學家拿了一台確實能解決問題的原型機闖進總裁的辦公室。總裁聽到來人的主意，簡直喜出望外，便思考該怎樣給予獎勵。他把辦公桌的大多數抽屜都翻遍了，總算找到一樣東西。他躬身對這位科學家說：「這個給你。」他手上拿的竟是個蘋果。但別看這個蘋果，那位經過多少個不眠之夜才得以研究原型機成功的科學家已感到心滿意足。因為，它是一種榮譽，是固定收入以外的額外收入，是同等價值或同等物品不能替代的五彩光環，是一個人成功的標誌。

當然，對那些取得與眾不同的成績之人，還應給予與眾不同的重賞。這是籠絡人心的重點。這種「感情投資」，得到的是下屬的忠心。因此，再大的投資也是一種「小本」。

近代奸雄袁世凱手下有個師長叫王懷慶。他很小的時候就參軍入伍，後來投靠了袁世凱，得到重用。袁世凱一心要做皇帝，因此想籠絡大批人效忠自己。他把王懷慶也列入籠絡的對象。

民國建立以後，蒙古各王在前清肅親王煽動下，紛紛宣布獨立，意圖苟延殘喘，保住他們的親王之位。袁世凱為了鞏固自己的統治，便委任張紹曾為綏遠將軍，王懷慶為多倫鎮守使，征伐各蒙古親王。

經過兩個多月的激戰，王懷慶率領的軍隊大獲全勝，全殲了蒙古各王的軍隊，凱旋回京。袁世凱叫王懷慶將作戰的各項開銷列出清單，到國庫報銷。王懷慶回去統計了一下，一共花費了30萬元左右。他想多報些以中飽私囊，就開了張40萬元的軍費報銷單。第二天，他拿著報銷單讓袁大總統過目。袁世凱看完後，嘴角露出一絲淡淡的微笑，將單子往桌上一扔，說：「太少了！回去重寫。」

王懷慶馬上明白了，這是袁總統特施恩寵。他回去後，壯起膽，寫了一張80萬元的報銷單據。袁世凱看後，仍說太少，讓王懷慶拿回去重寫。王懷慶第三次來到袁世凱面前時，軍費報銷單已虛報到140萬元。袁世凱這才提筆批了「准領」兩個字。

在這裡，袁世凱並不一定真的與王懷慶交情如何深，他不過是為了讓王懷慶為自己賣命，在感情投資上不遺餘力罷了。

4 說好人鬼話，小罵大幫忙

李宗吾說：「有人讀了《厚黑叢話》，說道：『你何必說這些鬼話？』我說：『我逢著人說人話，逢著鬼說鬼話。請問當今之世，不說鬼話，說什麼？』我這部《厚黑叢話》，人見之則為人話，鬼見之則為鬼話。這種本領曾被戰國時的蘇秦、張儀發揮到了極致。他們就是靠一張『見人說人話，見鬼說鬼話』的嘴大獲成功的。」

眾所周知，蘇秦、張儀分別是合縱、連橫的領頭人物。也就是說，兩人雖同學於鬼谷先生，卻成為兩個相反派別的代表。

當時的七雄中，秦國最強。那是因為，秦國早先實行了商鞅變法，很快富強起來。雖然主持變法的商鞅個人命運十分悲慘，被五馬分屍而亡，但秦國因他的變法而逐步強盛卻是事實；就是日後嬴政統一六國，成為千古一帝秦始皇，也是得益於商鞅變法，這個基本的歷史事實是毋庸置疑的。

蘇秦的「合縱」就是「保眾弱以攻一強」。因古有傳統，「南北」為縱，六國地互南北，聯合起來即為「合縱」。

張儀的「連橫」則恰恰相反，就是叫秦國聯合某一國，使之「事一強以攻眾弱」。因古有傳統，東西為橫，秦在西方，各國在東方，故稱「連橫」。

蘇秦、張儀是同學，年齡相差不多；兩人既同師鬼谷先生，所學也大略一樣。那為什麼兩人走上截然相反的兩條路呢？

蘇秦與張儀兩人家裡都很貧窮，相互的遭遇卻不一樣。

蘇秦是河南洛陽人，棄家求學，東至湖北宜昌地區遠安縣之清溪鬼谷，從師鬼谷先生數年，學了許多縱橫之術。但回家後，兄、嫂、弟、妹、妻都譏笑他：「不肯花體力治產業或做生意，只學耍嘴皮子的功夫，有什麼用？」

於是，他立下志向，除鬼谷先生所授縱橫之術外，又苦苦研讀了周書《陰符》，然後周遊六國，前去勸說他們聯合起來，共同抗擊秦國。

在這裡，蘇秦就充分發揮了「小罵大幫忙」的功能。「小罵大幫忙」是「見人說人話，見鬼說鬼話」的另一種方式，本來就是鬼谷先生「縱橫」之術中的一個手段。鬼谷先生說：「舉凡要達到一個目的，小罵大幫忙是不可或缺的手段。打個比方；你面前有甲、乙、丙三個人，倘若你要聯合乙、丙兩個人去反對甲，那光說甲的壞話不行，你還得當著乙的面罵丙幾句，當著丙的面罵乙幾句，這樣，乙、丙兩個人便都把你當成了知心朋友，你再趁機把乙、丙兩個人聯合起來，共同去反對甲。這就叫小罵大幫忙。你罵了乙又罵了丙，幫了誰的忙呢？幫了自己的忙，幫自己聯合了乙、丙，共同去反對甲。」

老師鬼谷子講的例子如此生動具體，學生蘇秦學起來又並非全然照本宣科，加進了自己從古籍《陰符》中學到的許多知識，當然使用起來就更得心應手了。

蘇秦到了齊國，先是講了西方秦國的許多「大不是」處，接著又罵了齊國近處的燕國幾句。當然，罵燕國的是一些「小不是」處，在取得齊國的認同之後，再提與燕國聯合抗秦的必要。

然後，他到了燕國。除講了秦國的許多「大不是」處外，照例又罵了近處的齊國幾句，同時還罵了另一邊趙、楚兩國幾句，最後才談到三國聯合抗秦的問題。

接著到其它各國，也都依樣畫葫蘆，先把近處的兩個鄰國罵上幾句，因為近處兩國難免會有摩擦。「小罵」之後，「大幫忙」漸見成效，六國聯合抗秦的局面終於得以形成。

當然，這是一個漫長的過程。要把六個國家聯合起來一致抗秦絕非易事。但經過幾年的努力，蘇秦終於使燕、楚、趙、魏、韓等五個國家簽訂了「縱約」，他自己任「縱約長」，並同時成了五國的宰相。齊國則從來就沒有參加過「合縱」。

蘇秦功成名就，回到家裡，過去歧視他的兄、嫂、弟、妹、妻等全都改變了態度，對他格外恭敬和順。他知恩必報，過去幫他的人，他都以「借一還萬」的規格做了酬謝。

由於蘇秦的成功，他的「合縱」使西方強秦整整二十五年不敢進攻六國。後來，他的反間活動暴露，被車裂而死，六國「合縱」瓦解，才使局面改變了。

蘇秦的同學張儀推動「連橫」策略，是在蘇秦被車裂後才進行。在此之前，他屢受不公平的待遇。

張儀是魏國人，與蘇秦同學藝於鬼谷先生。

一次，他到當年求學的楚國。在楚相的宴會上，一塊玉璧傳來傳去不見了。有些客人就栽贓說：「張儀家裡窮，一定是他把玉璧偷去了。」於是，不由張儀分說，將他打得半死。回到家中，老婆譏笑他：「你呀，自找苦吃！」

張儀伸出如頭，讓老婆看了看，說：「只要舌頭還在，我就不怕了。師父教我的縱橫之術，就得靠這三寸不爛之舌。」

此時，蘇秦已身為六國丞相。張儀因窮困潦倒，就以老同學之身，去請蘇秦幫忙。蘇秦不但不幫忙，反而罵他：「你自找苦吃，窮困潦倒是你活該！我不收留你，你滾遠一些！」

張儀一氣之下，走了。他決心此生要跟蘇秦作對。於是，他走到「合縱六國」的對立國秦國報了。他一路上得到一個陌生人資助，這人處處為他付錢，使他沒有遭受任何白眼。到了秦國，這人才告訴他：「真正資助你的正是你的老同學蘇秦啊！」

張儀尋思：「看來，師兄又用上了『小罵大幫忙』的策略。但是，他把我罵了一頓，又暗地裡花那麼多錢送我到秦國來，目的是什麼呢？」

他問那個幫他的人。那人告訴他：「五國合縱對付秦國，就是因為害怕強秦。如果秦國不可怕，那就不需要『合縱』了。因為，為了保住蘇秦『縱約長』的地位，唯有使秦國始終與各國為敵。換句話說，沒有秦國唱對臺戲。『合縱』就失去了存在的基礎。你的同學說，惟有你們兩人分別在秦國和六國唱對臺戲，才能相互得利。所以他罵走你，要你到秦國，把主戲唱出來。」

張儀一聽，全都明白了：原來師兄是一番好意。他在感謝蘇秦「小罵大幫忙」之餘，努力說服秦王實行連橫，與齊國結好。就這樣，蘇秦與張儀兩人在東西兩邊把「合縱」與「連橫」搞得紅紅火火，各自都紅得發紫，炙手可熱。

蘇秦去世後，「合縱」再也組織不起來，張儀的連橫才發揮效用，並直接導致了秦滅六國，一統華夏。雖然那是張儀死後發生的事，但誰也不能否認張儀「連橫」之功大矣哉！

5 不該說的絕不能出口

李宗吾說：「我的《厚黑學》，本來與王陽明的學說有對等的價值，何以王陽明受一般人的推崇，我受一般人的非議呢？因為自古迄今，社會上有一種公共的黑幕，這種黑幕，只許彼此心心相印，不許揭穿，揭穿了，就要受社會的制裁。這算是一種公例。我每向人講《厚黑學》，只消連講兩三點鐘，聽者大都津津有味，有道：『我平日也這樣想，不過莫有拿出來講。』請問：心中既這樣想，為什麼不拿出來講呢？這是暗中受了這種公例支配的原故。我赤裸裸地揭穿出來，是違反了公例，當然為社會所不容。」

人際關係所涉及的對象是人，只有人與人之間相互來往、打交道，才能建立起關係。每個人都有自尊心。兩個人在一起，如果一個人特意表現自己，或是在才能方面，或是在財富方面，它只能導致兩個結果：或是使對方自卑，不願同你來往；或是使對方生氣，決心殺一殺你的威風。

唐順宗在做太子時，常慨然以天下為己任。他曾對東宮僚屬說：「我要竭盡全力，向父皇進言革除弊政的計畫！」

幕僚王叔文一聽，趕緊提醒他：「身為太子，首先應該做的事便是盡孝，應多向父皇請安，問起居冷暖之事，不應多談國家大事。況且，改革是非常棘手的問題，您這樣過分熱心，別人就會把您看成是邀名逐利之徒，用談國家改革招攬人心。如果陛下因此事對您生疑，您如何解釋呢？」

太子聽後立刻省悟，此後便閉嘴默言，不像以前那樣動輒壯語驚人了。

唐德宗晚年荒淫專制，而太子始終不聲不響，因此沒有招來災禍。待德宗死後，順宗繼位，才大行改革。

裝瘋賣傻是古代智者在高壓統治之下，不得已而採用的自保手段。這一手段用在朋友、同事之間的相處，也很有效果。為了上下和氣，團結一致，還是學點裝瘋賣假的遺風才好。

「笨蛋！誰當總統都無所謂，只要讓艾倫當聯準會主席就成了。」這是一九九六年美國大選前夕，《財富》雜誌放在封面的一段話。「艾倫」指的是從一九八七年起就擔任美國聯邦準備理事會主席的艾倫・葛林斯潘。

彷彿是為了印證這句話，四年後，當時即將卸任的柯林頓總統選擇了新年開始後第四天，兩次任命格林斯潘為聯準會主席，從而為華爾街流傳已久的聯準會主席換人的傳聞畫上句號。

葛林斯潘，一九二六年3月6日生於紐約。一九七四年，被尼克森總統任命為總統經濟顧問委員會主席。一九八一－八三年間，擔任美國全國社會安全改革委員會主席。在此期間，他還曾擔任過雷根總統經濟政策顧問委員會成員等職務。一九八七年8月，被雷根任命為聯邦準備理事會主席。此後他連續12年擔任這項職務，歷經雷根、老布希和柯林頓三位總統。

在美國，談到對經濟生活的影響力，格林斯潘是僅次於總統的第二號人物。格林斯潘出任美國聯準會主席，10多年間，無論是共和黨執政，還是民主黨入主白宮，他的位子穩若磐石，全是因為他對經濟形勢能夠進行冷靜的判斷，並果斷地採取有效的措施。

華爾街股市的大多數投資人為美國有這樣一位貨幣政策奇才而感到「驕傲」。

葛林斯潘指揮著美國經濟巨輪駛過了暗礁叢生的20世紀80年代，使美國在90年代經歷了前所未有的榮景。對於這一點，就連批評者也不得不承認：過去25年，沒有人比葛林斯潘更勝任聯準會主席這個職位。

聯準會是美國的中央銀行，葛林斯潘是美國人的「掌櫃」。雖然他從來不喜歡張揚，但他所處的位置實在太敏感，這就注定了他必然要成為各種風暴的中心。由於地位特殊，他的每一個暗示，對股市都具有「一言興邦，一言喪邦」的影響力。

全球金融界人士流傳著這樣一段話：「葛林斯潘一開口，所有的投資者都得豎起耳朵，因為只有他是股市的最大莊家。」因此，他的一言一行，格外引人注目。

華爾街的投資者花了很大的力氣，研究他的每次講話，試圖從他的遣詞造句中捕捉到哪怕一點蛛絲馬跡，但結果總是枉然。他的話實在太隱晦曲折、模棱兩可了。他自己也承認：「我花了不少時間努力迴避問題，因為我擔心自己說話過於直白。最後，我終於學會了『聯準會語言』，學會了含糊其辭。」

諾貝爾經濟獎獲得主羅伯特曾這樣評價這個「狡猾」的主席：「他就像烏賊，噴出一團墨水後就溜之大吉，讓聽者抓耳撓腮，摸不著頭腦。」

幾乎全球所有的經濟學家、分析家和商人都曾試圖「預告」葛林斯潘的下一步行動計畫。由於格林斯潘是個數字迷，以偏愛模糊枯燥的統計數字而著稱，因此，許多人便像獵狗一樣，趴在他「貓」過的數字堆裡不停地拱來拱去，總想從中挖到一些可以用來「解碼」的信息。

聯準會的開放市場委員會每年召開八次討論利率的例會，就應該提升還是降低利率做出決策。每次會議舉行之前和進行當中，投資人就屏神斂息，高度緊張；各種媒體「八仙過海，各顯神通」，不僅挖消息，更從各種角度分析和猜測被冠以「在國際金融界呼風喚雨」、「主宰美國經濟」的格林斯潘可能的動向，洋洋千言，頭頭是道。葛林斯潘對自己掌有的這種地位和威力當然充分自知，因而更是金口難開：做出決策之前守口如瓶，不露口風。就是記者把問題推到面前，他也總是「顧左右而言他」，讓人不得要領。做出決策之後，向公眾宣布時，他更是字斟句酌，措辭極為嚴謹、慎重。葛林斯潘發表講話，不僅惜墨如金，更以晦澀含糊著稱。

在提高還是降低利率這種問題上，你別指望他開口說「加」說「減」。

在一次對國會的講話中，葛林斯潘有一段繞口令般的名言，其內容、其表述形式，都堪稱最典型的「葛林斯潘式警句」：「我知道你相信你明白了你認為我所說的，但我不能肯定你是不是意識到你所聽到的並不是我的意思。」

即便許多聰明過人的美國國會議員，乍一聽這種連環套似的多層複句，也只能是丈二金剛，摸不著頭腦吧！

格林斯潘心知肚明，許多人怨他說話含糊晦澀。一九八七年他上臺不久，就在一次會上把自己調侃了一番：「自從我就業於中央銀行，我學會了語無倫次加含糊其辭。如果我令你覺得過於明白，你一定是已經誤解了我的意思。」此言一出，聽眾爆發出一陣哄堂大笑。

其實，世人除了從他這番話中感受到他的幽默感，還可以從中體會到，身為聯準會主席，他其實是不得不練就這種讓人聞言如入雲裡霧中的「模糊語言」。

今日，要揣度葛林斯潘的思維就更難了。這是由於美國經濟日益與全球融為一體，而華爾街股市已執全球商訊之牛耳。在這種情形下，格林斯潘的調控必將比以往更加嚴謹及隱蔽。

美國財政部長歐尼爾這樣形容格林斯潘：他善於「運用英語的所有微妙細膩的表達方式，確保只有他和上帝才能明白。」

葛林斯潘似乎也知道別人對他所用語言的批評，卻自稱那是「建設性的含糊」。

在一次國會聽證會上，當被問及未來美國聯準會是否減息時，葛林斯潘竟答道：「對此問題，我容忍其不尋常的曖昧。」

令人哭笑不得的是，葛林斯潘居然把這種曖昧的語言也套用到自己的黃昏之戀上，差點斷送了晚年的美滿婚姻。

長達十二年，葛林斯潘一直與美國國家廣播公司資深女記者安德拉．米切爾拍拖，雙方心儀已久。然而，他那含混不清，充滿暗示性的語言，竟連長於揣度人言的米切爾也被弄得一頭霧水，摸不著頭腦。格林斯潘先後求了兩次婚，對方都毫無反應。直到一九九六年聖誕夜，當他第三次嘰哩咕嚕表白心意時，米切爾才摸清了他的真意，接受了他手中遲到的紅玫瑰。次年4月6日，71歲的格林斯潘終於結束了「十分冤枉」的單身生活，再次當上新郎。

漸漸地，葛林斯潘夫人竟喜歡上葛林斯潘的晦澀。她說：「原以為對他瞭如指掌，可實際上我永遠也猜不透他的心思，這種感覺真是妙不可言！」

這不禁讓人想起葛林斯潘的那句名言：「如果你以為對我所提及的種種已經研究得非常透徹，那我可以告訴你：『你一定是誤解了我的話。』」

6 設身處地，善解人意

一旦意見或利益相互抵觸的雙方，如果某一方能使對方感到他在設身處地地替對方著想，他的這種善解人意，必定很容易打動對方，從而促成雙方的諒解。

首先，可以站在對方的立場打動他。

以推銷為例。推銷員和客戶從本質上說，都在維護自身的利益。就這一點而言，雙方是對立的。要促成交易，就必須達成諒解。這時，如果推銷員一開始便說出替客戶設身處地著想的話，馬上會引起對方的好感和注意。

一般人對與自己有關的事總是特別注意、特別敏感，對那些與已無關的事則不太關心。所以說，你如果能設身處地地替某人著想，必定一下子就能說到他的心裡。

例如，某保險公司的一位保險經紀人約好時間要去拜訪客戶。他開門見山地說：「某某先生，我這次是特地來請您和夫人及孩子投人壽保險。」

這位先生馬上頂回去：「保險是騙人的勾當！」

經紀人笑問道：「噢！這還是我第一次聽說。您能否跟我說說，這是為什麼？」

這位先生說：「假如我和太太及孩子投保3千元，3千元現在可買一部彩電，20年再領回的3千元恐怕連一部黑白電視機都買不到了。」

經紀人不解地問道：「為什麼？」

這位先生回答：「一旦通貨膨脹，物價上漲，即會造成貨幣貶值，到那時，錢就不經花了。」

經紀人又問：「依您之見，10年、20年後一定會發生通貨膨脹嗎？」

這位先生遲疑地說：「這我不敢斷定……但依以往的這幾年的情形來看，是有這種可能的。」

經紀人續問：「還有其它因素嗎？」

這位先生思索了一會兒，才又說：「比如受國際市場的波動影響，說不定……」

通過這番對話，那位經紀人對他訪問的先生心中的憂慮已基本瞭解。於是他站在對方的立場上講話：「您的見解有一定的道理。假如物價急劇上漲，20年後，3千元不要說黑白電視機買不到，恐怕只能買兩本連環畫了。」

聽到這裡，對方很高興。接著，這位經紀人給他訪問的先生解釋了這幾年物價改革的必要性及影響當前物價的各種因素，指明其後幾年政策穩定，不可能有大幅度較大的通貨膨脹，並指出以對方的才華和能力，收入一定會增加。

對於這些話，雖然被訪問的先生已不止一次聽別人講過，但總覺得沒有今天這麼親切。最後，那位經紀人又說：「即使以後物價有些許上升，有保險總比沒有保險好，因為我們保險公司早已考慮了這些因素，顧客的保險金是有紅利產生的。」

終於，這位先生的心理障礙解除了，那位經紀人此行的目的也達到了。

那位經紀人成功的祕訣何在？就在於站在對方的立場思考，設身處地，發現對方的興趣、要求，然後進行引導，曉之以理，動之以情，使對方想法與自己一致，產生共鳴，最後雙方自然而然就可達成諒解。

其次，以你的善解人意感化對方。即使你說的話與你的目的無關，如果你能使對方把你看作是一個善解人意的人，就可以留下一個好印象，為「轉入正題，求得諒解」創造條件。

7 別把自己的目的說出來

李宗吾說：「友人雷民心發明了一種最精粹的學說，其言曰：『世間的事分兩種，一種是做得說不得，一種是說得做不得。例如夫婦居室之事，儘管做，如拿在大庭廣眾之中來說，就成為笑話，這是做得說不得。又如兩個朋友，以狎褻語相戲謔，抑或罵人的媽和姊妹，聞者不甚以為怪，如果認真實現，就大以為怪了，這是說得做不得。』民心這個學說，凡是世間諸人，不可不懸諸座右。厚黑學是做得說不得的。

「厚黑救國這句話，做也做得，說也說得，不過學識太劣的人不能對他說罷了。簡恒聽罷，說道：『李宗吾，你說的道理，一點不錯。但我要忠告你，切不可拿在口頭上，更不可見諸文字。你儘管照你發明的道理埋頭做去，包你幹許多事，成一個偉大人物。你如果在口頭或文字上發表了，不但終身一事無成，還有種種不利。』我不聽良友之言，勁自把它發表，結果不出簡恒所料。諸君！諸君！一面讀《厚黑學》，一面須切記簡恒箴言。」

古代的奸臣最善長、也最成功的手段，就是把自己卑鄙的目的隱藏在曲意奉承、奴顏婢膝的笑臉之下。他們把帝王輩哄得開心，對他們言聽計從，他們再藉著帝王的手打擊忠臣義士。許多忠臣良將就這樣白白死在他們手裡。這當中，「借刀殺人」就是他們慣用的一種招數。

范仲淹，就是那個在《岳陽樓記》中頌出「先天下之憂而憂，後天下之樂而樂」的人。他雖然也曾當過宋朝的副宰相，少年時卻是一個窮得打赤腳走雪地去讀書的剛強小子，他的官品、人品、文品、政品當然遠遠超過呂夷簡。

趙元昊（即李元昊）是宋朝時期，西夏國的國君。他的父親李德明曾上表宋朝，表示歸順，被宋朝封為西平王。他所統治的地區包括今天的甘肅、寧夏和內蒙古部分地區。李德明在位期間，和宋朝關係極好。他死後，由兒子李元昊繼位，情況就完全改變了。公元一〇三九年（宋仁宗寶元二年），李元昊稱帝，國號大夏。因在西部地區，故也稱西夏；又因李元昊曾被宋朝皇帝賜予國姓「趙」，所以叫趙元昊也不為錯。李元昊即位稱帝後，宋朝削奪了他的官職、封號，兩國激烈地對立起來。

此時，呂夷簡已是朝中宰相，年輕得多的范仲淹則官居右司諫。司諫是諫官，亦即言官。范仲淹向仁宗敬獻《百官圖》，指斥丞相呂夷簡使用人才不夠公正，心胸狹窄。仁宗是個糯米團子，主見不多，便拿這《百官圖》去問宰相呂夷簡的意見。呂夷簡惱羞成怒，說：「此乃范仲淹迂闊之論。應該讓他走出朝廷，去擔任陝西經略招討使，平息西夏李元昊的叛亂。」

仁宗趙禎果然依照呂夷簡的建議，撤銷了范仲淹司諫之職，讓他去當陝西招討，當時處在西夏王李元昊的控制之下。招討使的主要職務是平息內外叛亂。當時宋朝的積貧積弱現象已經十分嚴重，宋朝的兵力遠遠不是西夏的對手。呂夷簡把范仲淹派到那裡去，很明顯是要借李元昊的刀，殺了這個政治上的仇敵。所以，這是很明顯的「借刀殺人」之計。

范仲淹到任之後，將一萬八千人的隊伍從各地調集，分成六隊，每隊三千人，每次輪流訓練四個隊一萬二千人，下剩兩個隊六千人負責禦敵守衛，使李元昊的軍隊無隙可乘。他又施行與民休養生息的政策，讓當地主要的居民漢、羌兩族和睦相處，使李元昊離間漢、羌兩族之矛盾的圖謀未能得逞。與此同時，他命令自己的兒子范純佑在戰略要地馬鋪寨修築一座堅固的新城，即後來的大順城。

西夏王李元昊曾集中三萬兵力攻打宋軍，好水川之戰宋軍遇伏大敗，范仲淹便撤到大順城。李元昊又帶兵攻打大順城，可沒打多久就敗退走人了。

范仲淹說：「他怎麼撤得如此之快？我軍給他的打擊並不慘重啊！千萬不要追，以免誤中敵之奸計。」

守軍遵照范仲淹的將令，固守新修的大順城，使李元昊只能望城興歎，無可奈何。事後查知，那次李元昊的三萬部隊從大順城敗退是故意設下的圈套，他一路都設下埋伏，妄圖引誘范仲淹派兵去追，只要守軍一追，那就非徹底失敗不可。偏偏范仲淹沒有追。

後來，李元昊因對付不了范仲淹，只好又上表宋廷，願意重修舊好。為此，范仲淹又被調回朝廷。

呂夷簡想借刀殺人，沒有成功，反而把自己的宰相職位給「殺」掉了。

8 別把心思寫在臉上

人們也許經常會問自己，為什麼自己的才能換不來成功，辛勤換不來幸福，忠心換不來愛情？原來冥冥之中有一股神奇的力量——機遇，它是魔仗，把住天堂和地獄的入口。面對失敗，大多數人必會追問：機遇何時降臨？待回首往事，經常發現，在平平淡淡的歲月中，隱約出現過幾次閃光的轉捩點，與自己擦肩而過，思之追悔不已，發出「當時我要是如何如何，現在我將如何如何」的長歎。

機遇為什麼會如此神祕？它究竟是什麼？

機遇是一種有利的環境因素，它可以讓有限的能力發揮無窮的作用。具體地說，在特定的時空條件下，總會出現有利的因素。哪個人最先利用這些有利的因素，便容易取得成功。在機遇來臨時，稍有猶豫，即會錯失過去。

從前有兄弟二人，看到大雁從頭頂上飛過，便拿弓欲射。將射之時，哥哥說：「射下來煮了吃。」弟弟反對：「鵝才煮了吃，大雁應該烤著吃。」二人爭論不已，只好請來村裡的長者評判。長者讓他們把雁分成兩半，一半煮，一半烤。判完，兄弟倆再去找雁，大雁早就飛得無影無蹤了。

人的一生，機遇往往只有那麼一兩次，就看你能否抓住。一個哲人曾說：「在每一個偉大人物一生中，都有一個關係其成敗得失的時刻，在此緊要關頭做出的抉擇代表了他所能採取的最高作為。」生活中，常聽到有人說：「我正在等一個機會……」或說：「如果我有一個機會……」可機會又在哪裡？

每個人都渴望成功。真正成功的人，大多是善於創造並抓住機會的高手。當不少人還在原地踏步時，他們早已順著機會的急流而下，建立了自己的事業王國。

機會不會赤裸裸地出現在我們面前，它常常被複雜的迷霧所掩蓋。要抓住它，必須養成審時度勢的習慣，隨時把握客觀形勢及其它各種力量對比的變化，透過現象，發現本質。但在實際生活中，一般人常犯的錯誤就是——在機會到來的時候，患得患失，猶豫不決。機遇與每一個人的事業休戚相關。她是一個美麗動人但性情古怪的天使，有朝她降臨在你身邊。你稍有不慎，她又將翩然而去；不管你怎樣扼腕長歎，她從此杳無音訊。

20世紀，美國人有一句俗諺：「在通往失敗的路上，處處是錯失的機會。坐待幸運從前門進來的人，往往忽略了從後窗進入的契機。」

9 當眾擁抱你的敵人，你就沒有了敵人

李宗吾說過：「我有個折衷調和的法子，提出兩句口號：『厚黑為裡，仁義為表。』換言之，即是枕頭上放一部《厚黑學》，案頭上放一部四書五經；心頭上供一個大成至聖先師李宗吾之神位，壁頭上供一個大成至聖先師孔子之神位。」

立身行世而不敗，應該牢記李宗吾這兩句口號，不管做什麼事，採取什麼手段，調子一定要亮，要光明正大，冠冕堂皇，讓人找不出破綻。

諸葛亮三氣周瑜是羅貫中在《三國演義》中創造的許多藝術經典之一。周瑜與諸葛亮是三國時期東吳和蜀國的智慧人物，諸葛亮三氣周瑜，用的是「三連環」計。先是，劉備向東吳孫權借得了荊州作棲身之地。後來，諸葛亮又設計奪了南郡；再後來，劉備又賺娶了孫權之妹……所有這些，都使周瑜氣不得出，總想找諸葛亮報仇。偏巧，遠在北方的曹操接受下屬的建議，以漢獻帝的名義，委任周瑜為南郡太守，給周瑜找到一個奪取南郡的機會。於是，周瑜派了魯肅前來向劉備索取荊州。劉

備按照諸葛亮的計謀，使荊州得以拖著不還，反說請周瑜領兵去奪取巴蜀，代作荊州，償還給東吳。此時巴蜀在劉璋手中，劉備也想在巴蜀自立為帝。今請周瑜去奪，自是馬到成功，因為東吳的力量強過劉璋數倍。

周瑜聞聽此言，喜不自勝，忙領兵就要去奪取巴蜀。

魯肅說：「巴蜀是劉備欲得之地，都督何苦為他人去奪。」

周瑜解釋：「你以為我真帶兵去奪巴蜀嗎？我是帶兵以奪巴蜀為名，實際上是去奪回南郡。」

魯肅說：「都督此計，亮不及也。」

誰知周瑜率大軍來奪南郡時，關羽、張飛、趙子龍等蜀漢猛將從四圍殺出，殺得他落花流水，跌下馬來，箭傷毒發，終至身亡。

周瑜被諸葛亮氣死後，停靈於柴桑（今江西九江）。東吳眾將都對諸葛亮恨得牙根疼。面對東吳將士之義憤，誰也想不到諸葛亮竟然親至柴桑吊孝。精通立身行世面厚心黑的諸葛亮明明心裡樂開了花，祭文欲寫得言詞悲切，並且哭聲無比悲哀，哭得東吳眾將改變了態度，許多人竟說：「人盡道周瑜與孔明不睦，今觀其祭奠之情，人皆虛言耳。」

於是，諸葛亮三氣周瑜，促其致死之而不攻自破。當時只有一個龐統揣知了內幕。龐統是諸葛亮的好友，故意笑他：「你氣死了周瑜，又去吊唁周瑜，是欺天下無人知乎？」

孔明笑道：「不如此，又何以掩天下人耳目？」

原來，諸葛亮氣死周瑜又去吊唁，目的在於掩人耳目。

西方普遍流行一句話：「當眾擁抱你的敵人，你就沒有了敵人！」這話真是說得好，可說是厚黑行事的最好注解。

10 不妨披張「羊皮」

偷藝的故事在中國古代社會屢見不鮮，其基本背景大致差不多：某人因家庭條件所限，無法求學，但上進心很強，又有極高的天賦，或文或武。總之，最後在某一領域成就了一番事業，名噪一時。誰也想不到，當年的李嘉誠在萬般無奈的情況下，也曾效仿古人，搞了一回「地下工作」。

一九五〇年夏天，辦事一向乾脆利落的李嘉誠以自己多年的積蓄加上向親友籌措的五萬元港元，在香港九龍租了一間廠房，創辦「長江塑膠廠」，專門從事塑膠玩具和簡單日用品的生產。由此起步，開始了他在世界經濟史上叱吒風雲的創業之路。

經過創業初期的一段艱難時期，李嘉誠種類繁多的塑膠產品中，自己工廠所生產的塑膠玩具在國際市場及香港市場已經趨於飽和，似乎已經沒有足夠的生存能力了。這就意味著他必須重新選擇一種在國際市場、國內市場中均具有強大競爭力的產品，以實現其塑膠廠的「換跑道」。

慢慢地，他發現，如果自己轉而生產塑膠花，那麼，不僅市場可以走俏，也能順利實現自己工廠的轉產。

但是，當年輕的李嘉誠想要自立門戶，加入當時正在走俏的塑膠花市場，他卻無法解決所遇到的技術上的難題。怎麼辦？無奈之下，他想到了親自去向國外的先進企業學習的辦法。

臨走之前，歷經磨難的李嘉誠說出這樣一句擲地有聲的話：

「成功的大門總是朝著勇敢的心敞開。」

一九五七年夏天，李嘉誠懷揣著強烈的希冀和求知欲，登上飛赴義大利的班機，去實地考察和學習當地塑膠花的製造工藝。

到達目的地之後，他迫不及待地直奔那家在世界上開風氣之先的塑膠花生產公司。但是，待他經過長途奔波，風塵僕僕地到達那家公司的門口，卻戛然止步。

他素來知道，當一種新產品投放市場時，廠家對產品的技術必定絕對保密與戒備，不會輕易向來訪者提供。

也許應該名正言順地購買新技術專利？但是，一來，自己的長江廠小本經營，付不起昂貴的專利費；二來，廠家絕不會輕易出賣專利，它必然想要充分佔領市場，直到準備淘汰這項技術時，方肯將專利出手轉讓給他人。

那麼，長江廠只能跟在人家後頭亦步亦趨，永遠也無法做到突破了嗎？而且，聽明的香港人極其善於模仿，對急於打冷門、填空白的李嘉誠來說，等塑膠花在香港大量面市後再去模仿它的生產工藝，恐怕難免於事無補，甚至會加重自己的負擔。

難道就此打道回府？情急之下，李嘉誠想到一記妙招。

這家公司的塑膠花生意很好，廠裡因人手不夠，急需招聘工人。他連忙跑去報了名，被派往車間做打雜工。

在車間，李嘉誠負責清除廢品廢料。因此，他可以每日推著小車在廠內各個工區來回走動。他雙眼緊緊盯著整個工藝流程，恨不得將它吞下肚去。每次收工後，他都急忙趕回旅店，把觀察到的一切都記錄在筆記本上。

這樣，在不長的時間裡，他便熟悉了整個生產流程。但是，屬於保密的配色技術環節還是不得而知。於是，他又心生一計。

在一個假日，李嘉誠邀請數位新結識的朋友，到城裡的中國餐館吃飯。這些朋友都是工廠裡面某一工序的技術工人。席間，他誠懇地向他們請教有關技術的問題，佯稱他打算到其它工廠去應聘技術工人。就這樣，他通過眼觀六路，耳聽八方，終於慢慢悟出了塑膠花製作配色的技術要領。

最後，李嘉誠又到市場上去調查塑膠花的行銷情況，驗證了塑膠花市場的廣闊前景。回到香港，他一舉打了個翻身仗，使長江廠生產的塑膠花擺滿了香港的大街小巷，長江塑膠廠由原先默默無聞的小廠，一下子成了蜚聲香港塑膠業的知名企業，他也成為香港著名的「塑膠花大王」。

平心而論，以今天的商業準則衡量李嘉誠當年的行為，似乎有些不太妥當。但在那個時代，偷師和模仿是很普遍的現象，無可厚非。他不偷藝，就成不了「塑膠花大王」，無法奠定雄厚的資產，以發展其它產業，成為香港首富。當然，我們不能否認李嘉城的經營天賦。事實上，李嘉誠已經成功了。

11 樹威立信造聲勢

武則天本是唐高宗的皇後。公元六八三年，高宗因為頭眩病復發而不治身亡。繼位的中宗李顯性格庸懦，毫無主見，凡事都對武則天言聽計從。這樣，執政大權便落入武則天的手中。

昔日高宗在位時，因患有頭眩病，所以自公元六六〇年起便把大小政事多半委託給武皇后處理，自己落得個清心自在，武則天已漸漸掌握了朝中大權。高宗一死，繼位的又是她的兒子，想廢黜只是一句話罷了。為此，武則天便不覺野心萌動，想要嘗試一下當女皇帝的滋味。然而，在一個夫權為上的男性社會，傳統的男尊女卑觀念早已深植人心，想要撼動又談何容易。

中宗被廢為廬陵王之後，武則天曾故意試探性地問群臣：「此後應由何人承續帝位？」宰相應聲答曰：「應立豫王李旦為帝。」李旦是武則天和唐高宗所生的最小的兒子。其他人也都眾口一辭，沒有一個人想到座上那個女人正蠢蠢欲動，想要過一把皇帝的癮。

群臣的意見讓武則天心涼了半截，但也給她打了一針清醒劑。她知道，現在自己做皇帝，還不是時候。

面對如此強大的傳統觀念衍生的反對力量，她心裡明白，雖然此時她不難坐上皇帝的寶座，但眾人不服，民心不穩，這樣的女皇做了也不會長久，更可能碌碌無為，甚至在歷史上留下惡名。於是，她放眼前途，決定費些時間大造聲勢，設法改變眾人的觀點，改變民眾對女人尤其對她這個奇女子的敵視態度。

首先，她表面上裝作歸政於李旦，暗地裡卻讓李旦堅決推辭，自己則像是迫不得已才臨朝，掌握皇權。

接著，她又讓侄子武承嗣派人在石頭上刻下「聖母臨朝，永昌帝業」八個大字，塗成紅色，扔進洛水，再由雍州人唐同泰取來獻給朝廷。然後，她祝祭南郊，告稟神靈，稱此石為授聖圖，改洛水為永昌水，封洛水神為顯聖侯，給自己加號聖母神皇，封唐同泰為游擊將軍，並逼行了聲勢浩大的拜洛受瑞儀式，使人以為她當皇帝乃是奉循上天的旨意。

而後，又暗使高僧法明杜撰了《大雲經》四卷，遍送朝廷內外。《大雲經》中一個醒目的位置稱：武則天本是彌勒佛的塵世化生，理當代為唐朝主宰。她順勢下令兩京諸州官吏，使百姓大讀特讀，並專門建寺珍藏。

嫌此不足，又令侍史傅遊藝率關中百姓九百餘人前來朝廷上表，懇請她親臨帝位。她佯裝不答應，卻又馬上把傅遊藝提升為給事中。

如此升官捷徑，哪個不想效法？於是，百官宗戚、遠近百姓、四夷酋長、沙門道士競相仿效，上表奏請武則天即帝位。有一次，上表之人竟超過六萬人。

如此大造輿論，都覺得武則天當皇帝已是上應天意、下順民心，勢所必然。百官群臣也樂得順水推船，請求武則天早日登位。就連掛名的皇帝李旦竟也認為自己這個皇帝是搶了母親的位，親自上表請求姓武。

見時機成熟，武則天這才廢了李旦的帝位，親自登基為帝。反對者聲息皆無，她這個皇帝也就做穩了。

12 把招牌做大，並高高掛起

在英國倫敦，有一家小型珠寶店，開張伊始，店老闆就揚言，要獲得令同行刮目相看的經營業績。然而，四年後，因經營不善，瀕臨倒閉。同行都譏諷他是「癩蛤蟆想吃天鵝肉」。店老闆真是走投無路，冥思苦想著改善困境的對策。

機會終於來了。一九八五年，查爾斯王子和黛安娜王妃即將舉行婚禮，一時成為轟動英國乃至全世界的新聞。黛安娜王妃容貌絕倫、儀態超群，大多數英國人為之仰慕、傾倒，她甚至成了眾多青年崇拜的偶像。店老闆想，若能抓住這個千載難逢的機會，利用公眾對王子王妃婚禮盛典的專注心理，導演一齣虛假又逼真的廣告活劇，必定能使自己的珠寶店擺脫困境，大發其財。

於是，他四處搜尋長得像黛安娜王妃的年輕女子。歷經艱苦，終於被他找到一個相貌似黛安娜的時裝模特。他重金聘用這個模特，對她從服飾、髮型到神態、氣質都做了煞費苦心的模仿訓練。待看不出破綻之後，他便向電視臺記者發出了暗示：明晚有英國最著名的佳賓光臨自己的珠寶店，採訪這條新聞的條件是電視片中不得加入解說詞。

第二天晚上，這家珠寶店燈火輝煌，店老闆衣冠一新，神采奕奕地站在店門口，像是要恭候要人光臨。此舉頓時吸引得許多過往行人駐足觀望。不一會兒，一輛豪華的轎車緩緩駛到門口。車一停下，店老闆便立即走上前，彬彬有禮地打開車門。

那位貌似黛安娜王妃的模特從容地從車上走下來，嫣然一笑，還向聚攏的行人點頭致意。有人喊了一聲：「是黛安娜王妃！」眾人真的以為是黛安娜王妃來了，不及辨別便蜂擁而上，爭相一睹王妃的風采。擠到前頭的青少年還為吻上了「黛安娜王妃的手」而得意非常。電視臺記者不敢怠慢，急忙打開錄影機。警察怕影響「王妃」的活動，急忙過來維持秩序。

店老闆此時更是從容不迫，先是感謝「王妃」的光臨，隨後笑容可掬地引領她參觀。店員們按照老闆的吩咐，相繼介紹店中的項鏈、耳環、鑽石等名貴飾品。「黛安娜王妃」一面露欣喜之色，邊挑邊稱讚。

第二天，電視臺播放了這齣以假亂真的活劇錄影。因受老闆事先關照，被蒙在鼓裡的記者把它拍成沒有聲音的「默片」，自始至終沒有一句話和一句解說詞。螢幕上出現的只是熱烈非常的場面和珠寶店的客人。

這一下震動了倫敦全城，人們紛紛傳播這則重要的新聞。原來不知道這家珠寶店的人不住地打聽它的地址，都想在「黛安娜王妃」到過的珠寶店裡買一件首飾當禮品送人。年輕人，黛安娜「追星一族」更是愛烏及屋，絡繹不絕地跑來搶購「黛安娜」所喜愛的各種首飾。原來生意清淡、門可羅雀的小珠寶店頓時門庭若市，生意興隆，讓老闆和店員們應接不暇。短短一個星期，這家珠寶店就獲利10萬英鎊，超過開業四年間的總和。

這則消息傳到白金漢宮，驚動了皇家貴族。皇家發言人立即鄭重地發表聲明：「經查日程安排，王妃沒有去過那家珠寶店。」要求法院判處那家珠寶店的老闆犯了詐騙罪。

發了大財的珠寶店老闆卻振振有詞地說：「電視片中沒有一句話，我也沒有說來訪的佳賓是黛安娜王妃。這在法律上不能構成犯罪。至於圍觀的公眾『想當然』地把她當成王妃，我是無法阻止的。」

珠寶店老闆利用假王妃，大肆製造社會新聞，使得倫敦全城沸沸揚揚，珠寶店也因此柳暗花明，絕處逢生。此舉假借了權威效應，又巧妙地通過電視臺加以宣傳，從而大大提高了他的珠寶店的知名度和美譽度，吸引來眾多顧客，實現了預期的宣傳效果，擴大了銷售。這種手段，從道德上說，有愚弄公眾之嫌，不宜提倡。但是，這種巧妙利用一般人的崇拜心理，把自己的招牌做大的技巧，就面厚心黑之術而言，卻是值得讚揚的。

造聲勢之法大多是以勢取人。聲造造得好，不但可使自己的實力在無形或有形中增長很多，還可藉此削弱對手的力量，改變敵我力量的對比。

ch.6

得人心者，得天下

1 騙人一時，不能騙人一世

20世紀60年代中期，日本的百貨超級市場進入一個全面改革的新時代，當時的地方型百貨超級市場紛紛聯合起來，組成了勢力強大，遍及各縣的百貨超級市場集團，並使得各地的小商店紛紛加盟，成為關鍵集團成員。原來已具一定規模的百貨超級市場企業像西友、大榮集團也調整了原來的經營政策，把業務伸展到日本全國各地。

誠實和信譽在現代商品競爭中尤其顯得重要。

日本八佰伴公司就是靠誠實和信譽經營成功的典範。

日本的八佰伴公司曾發生過一起投訴事件：客人委託八佰伴送年終禮——柑橘。20天後還未送到，這時已是年終的前一天。店裡的發票上記著貨已發出。那麼，問題肯定出在送貨商身上，根本與八佰伴無關。可是，考慮到八佰伴建立起來的信譽，總經理加津當即答應第二天一大早就專門裝箱派車送去，一定在年前送到。第二天，加津親自跟車，花了大半天時間才把貨送到，並忙不迭向客戶道歉。

事後，加津總結道：「確實，在一年中最忙的大年三十，為一箱柑橘花半天時間跑一趟東京根本不划算。但是，商人金錢損失了還能挽回，一旦失去信譽，就再也難以挽回。重要的是，我們要深刻認識到辜負了顧客的期盼和意願是最令人痛心的。用一輛貨車送一箱柑橘雖然得不償失，但由此而印證了八佰伴的信譽，其意義實在是非常的重大。」

一九五八年9月26日，第22號颱風席捲伊豆半島。以天城山一帶為中心，降了七百毫米的大暴雨。在此之前，加津已經預見到交通將會中斷，消費所需的蔬菜一定會吃緊。因此，他馬上加緊進貨。他的兒子一夫和一名職員冒著危險，開車趕往小田原購貨。原先只是一個小時的往返路程，這次卻用了8個小時，到深夜12點才趕回來。有一段山路，他們剛剛走過，就崩塌下去，其險真是萬鈞之重懸於髮端。

第二天，9月27日，颱風停了，風和日麗，正好是陰曆八月十五，各家都需要購買蔬菜，可市場因交通絕斷而貨源奇缺。零售業主見有利可圖，競相提升價格，蘿蔔一根120日元，黃瓜一根42日元。加津若以高價出售自己用生命作代價換回的5噸貨，不但可以大賺一筆，也不會招致太多抱怨。

但是，憑著遠見卓識，加津此時所想的並非如何牟取一筆暴利，他考慮更多的是如何在這個非常時刻保持八佰伴創業的一貫宗旨和信譽。為此，他決定不提價，1.5日元買進的黃瓜加上運費，只賣2日元，5日元買進的蘿蔔也只賣7日元。前來買菜的顧客都喜出望外：「八佰伴的菜實在太便宜了，和平時的價格一樣！」市民們奔相走告。5噸菜不到兩個小時便全部售光。

從這天起，才是八佰伴發展的真正開始。原來實行現金明碼標價經營時，日銷售額總在10萬日元左右，最高也只能提至20萬日元便跌了下來。但颱風過後，銷售額倏然提高一倍，每天高達40萬日元。顧客的回報和認可更增強了加津的信心，由此確立了他的經商原則——信譽第一，奉獻誠心。

守信，是樹立良好的企業形象，贏得人心的關鍵。在這方面，那些堪為古人之楷模的賢人認為，取信於民，講求信譽，才是各項政令、舉措得以順利實施的保障。

俗話說：騙人一時，不能騙人一世。企業想要在商業競爭中獲得長久的發展，只能靠信譽和真誠樹立自己的企業形象，能得一分便得一分。靠搞欺詐和朦騙賺錢，不但會使廣大的社會公眾受害，早晚也會使企業本身被消費者拋棄。

2 識大局、知大體，才能和氣生財

「將相知」與「完璧歸趙」兩個故事在我國幾乎家喻戶曉，講的都是戰國時趙國的老將廉頗與新任相國藺相如之間的衝突與交往。這段史實最早見於司馬遷的《史記．廉頗藺相如列傳》。

廉頗，趙國的名將。趙惠文王十六年，廉頗以大將軍之身，率兵攻打齊國，大敗齊軍，攻佔了陽晉城，被拜為上卿，以勇氣揚名於諸侯各國之間。

藺相如，也是趙國人，宦官長繆賢的門客。

當時，趙惠文王得了一塊楚國的和氏璧。強悍的秦昭王知道以後，說願以十五城的代價，向趙國換取這塊和氏璧。秦國強，趙國弱，說不換是不行的。但又怕秦昭王要賴皮，得了和氏璧，卻不給十五座城池。而且，沒有人有膽量拿和氏璧去出使秦國。結果是藺相如去了。果然，秦昭王和氏璧一到手，便在殿上將和氏璧傳來傳去，根本不提那十五座城池的事。

藺相如見狀，如此說：「這璧上有微疵，請讓我指給大王看。」昭王便叫臣子把和氏璧交給他。

藺相如抓緊玉璧，一步步往後退，退到一根柱子旁，怒髮衝冠，聲色俱厲地說：「我國本就有人說大王得了玉璧，不會換給城池，不同意把玉璧送來秦國。可是我以為，一般黎民來往，尚且誠實不相欺，何況是堂堂大國呢？所以我把玉璧送來了。沒想到秦國果然是只要玉璧，不給城池。現在，大王若是逼急了我，我的頭和玉璧就會同時碰碎在這根柱下！」一邊說，他一邊高舉玉璧，做著要碰碎玉璧的樣子。

秦王生怕那玉璧真被碰碎，於是連連道歉，還把地圖拿出來，指出那欲行交換的十五座城池。

藺相如心想：秦王這不過是故作姿態。於是，他說：「和氏玉璧乃天下之瑰寶，我來之時，趙王齋戒五天，才交璧於我。今大王既有誠意以十五座城池換寶，就請先齋戒五天，第六天我再把和氏璧獻上。」

秦王心想：反正和氏玉璧已來我秦國都城，諒你插翅也不能飛走。他答應了齋戒五天之後再取寶的要求。然後，他把藺相如安置在廣成驛館居住。

藺相如到了驛館，馬上讓自己的隨從化了裝，懷揣和氏璧，抄小路奔回趙國都城。

五天後，秦王索取和氏玉璧。

藺相如說：「大王根本沒有誠意把十五座城池劃給趙國以交換和氏璧，我已打發隨從將玉璧送回國去了。我的言行欺騙了大王，請大王用刑吧！可是，大王即使殺了我，仍然得不到和氏玉璧，只會在諸國間留下惡名，那恐怕不值吧！請大王三思。」

秦王一想，這話也對，便沒有殺藺相如，而是舉行了一個歡送會，送他回去。

藺相如不辱使命，使和氏璧完璧歸趙，立了大功。為此，趙惠文王拜他為上大夫，即丞相之位。

這一來，廉頗覺得，自己的上卿之爵是出生入死拼出來的，而藺相如不過是會耍嘴皮子功夫而已，他有什麼資格當丞相。於是處處刁難他、挑釁他，進而交代下面的兵丁士卒故意找藺相如家人的麻煩。對此，藺相如交代自己的家丁處處避讓，不得和廉頗的家丁爭高低。

廉頗的家丁以為藺相如是怕廉頗，於是從找麻煩發展到漫罵和毆打。比如指著藺相如的家丁的鼻子罵道：「藺相如有什麼了不起！憑一點嘴皮子功夫當了丞相，哪比得上我家廉頗老將軍，靠真刀真槍拼出來上將軍的爵位！」

藺相如的家丁不服氣，回去向藺相如哭訴：「丞相如此害怕廉頗嗎？為什麼老是一再忍讓？」

藺相如安撫他們：「我怕廉老將軍何來？廉將軍再兇狠，總不會殺了我吧！我在秦王殿上都能誓死如歸，豈會怕他？」

家丁問道：「那丞相要我們一再忍讓，是為了什麼？」

藺相如回答：「為了趙國的安全。趙國的上將與丞相能和睦交好，秦國才不敢來攻打。尚若讓秦王知道我們將相失和，秦軍恐怕轉間就會來到邯鄲城下了！」

家丁聽了這話，茅塞頓開。後來藺相如這話傳到廉頗耳裡，廉頗深為他的深明大義所感動，於是帶著內疚的心情，背著打人的荊條，到藺府去「負荊請罪」。

3 發揮「厚黑救國」的威力

一八八三年10月24日，范旭東出生於湖南湘陰一個私塾先生家裡。6歲那年，他的父親因貧病交加而去世。他先是在哥哥范源濂的輔導下在家苦讀，後又到長沙投奔哥哥的好友吳先生，跟隨吳先生讀書學畫。兩年後，吳先生因參加革命黨，被清政府追捕，逃往日本，順便把范旭東也帶到日本求學。

一九一〇年，范旭東完成了大學化學系的學業。因為他品學兼優，就有日本帝國大學留校做研究。

第二年秋天，辛亥革命爆發。范旭東在海外聽到這個喜訊，頓時熱血沸騰。他毅然離開日本，日夜兼程，回到祖國。

這時，中華民國政府已經成立，梁啟超被委任為財政總長。在日本期間，范旭東常向當時流亡日本的梁啟超請教問題。梁啟超聽說他回國，很高興地聘請他到財政部工作，負責整頓貨幣。不久，他發現了貪官污吏的不法行為，向上報告，卻無人願管。他生性剛正不阿，不願與這種人同流合污，便憤然辭職。正好他的哥哥范源濂擔任教育總長，知道他學的是化學專業，就設法安排他到財政部所屬的鹽務機關工作。

范旭東知道鹽不僅是日常飲食調味品，而且是許多化工產品的基礎原料。他首先考察了國內的鹽務狀況，看到外國潔白晶瑩的食鹽大量佔據中國市場，而國產的食鹽有害物質含量很高，會殘害食用者的健康，無法與外國鹽競爭。他決心改變這種現狀，要利用祖國豐富的海洋資源，提煉出精美的食鹽。

范源濂對弟弟的想法很支持，並為他爭取到一次赴歐考察鹽務的機會。范旭東用近一年時間，考察了斷洲各大工業強國，調查了奧地利的鹽專賣法，研究了奧、英的製鹽方法和設備。最讓他難以忘懷的是，在考察過程中所遭受到的輕視及屈辱。

一次，他到號稱「世界鹽王」的英國卜內門公司考察。傲慢的主人擺出一副嘲弄的姿態，把他引進鍋爐房，目中無人地說：「你們中國人是看不懂製鹽流程的，還是參觀參觀鍋爐房吧！」

范旭東的心被深深刺痛了。他暗下決心，一定要興辦中國自己的化學工業！強烈的事業心，使他在回程上鑽在船艙裡，沒日沒夜地趕寫建廠計畫，設計製鹽方案，準備回國之後大幹一場。

一九一五年6月，范旭東集資創辦了「久大精鹽公司」。從此，他一門心思撲在製鹽事業上。從廠房設計、資金預算、設備選擇直到機械安裝，他事事到場。經過半年緊張的籌備，12月7日，久大公司的機器正式開始運轉。中國第一批潔白純淨的精鹽在隆隆的機器轟鳴中誕生了。

久大公司生產的精鹽以五角形「海王星」為商標。由於價廉物美，一上市就深受市民歡迎。然而，外國鹽商和中國鹽霸認為久大公司觸犯了他們的利益，於是狼狽為奸，處處同久大公司為難。他們一邊「強烈要求」北洋政府禁止久大公司繼續生產，一邊散布謠言，說「久大精鹽有毒」、「精鹽沒有海鹽鹹」等，試圖破壞久大精鹽的聲譽和銷售。英國駐華公使甚至用軍艦封鎖天津港，妄圖阻止久大的運鹽船出港。

面對洋人和地痞無賴的厚黑招術，不甘屈服的范旭東唯有以毒攻毒，以厚黑對厚黑。他通過老朋友的關係，把久大精鹽巧妙地送到袁世凱的餐桌上，得到袁世凱的好評，獲得了長江一帶5個口岸的銷售權。北鹽南下，市場大開。同時，他又爭取到北洋政府副總統黎元洪的投資。這一來，他得到官方保護，生產規模得以進一步擴大，降低了成本，大大提高了產品競爭力。

第一次世界大戰結束後，中國作為戰勝國之一，按照華盛頓會議的規定，得以收回日本和德國在山東掠奪的各項權利，其中就包括日本在青島的永裕鹽場和製鹽設備。當時永裕鹽場共有工廠將近20所，鹽田超過5萬畝，但中國必須支付三百萬銀元的「贖金」。

可是，由於國庫空虛，無力支付，日本人也就繼續把持鹽場不放。范旭東抓住這個機會，團結當地的鹽商，共同籌集資金，全部收回了日本在青島的鹽場，並要求日本每年購回青島精鹽一百五十萬至三百五十萬擔。這樣，范旭東等人不僅為國家收回了主權，還為自己打開了國際市場。從此，久大公司更加蓬勃發展，產品不但在國內暢銷不衰，而且源源不斷地運往南洋、朝鮮、日本等國外市場。

4 為了公利，可以大行厚黑

為了達到俘獲人心的目的，有兩種方式可供選擇：一種是採取高壓政策，比如「殺雞給猴看」、「殺一儆百」等；另一種是採取利益激勵，比如「賞銀」、「封官」等。俗語說：「重賞之下，必有勇夫。」說的就是後一種選擇產生的效果。

「賞罰分明」的概念最早出現在韓非子的著作中。韓非子是戰國時代韓國的貴族，他與後來成為秦始皇之丞相的李斯同是荀子（荀況）的學生，而他的才學遠在李斯之上。韓非學說的基本精神是重法治，講刑名，主張的就是「賞罰分明」這一套。用他的原話說，就是：「馭兵馭臣，其法相同，有賞有罰，賞罰分明。」從字面看，只是簡簡單單幾句話，卻是千古不滅的真理。

清朝後期，曾國藩率湘軍征剿太平軍。到了最後總攻天京（南京）的階段，統領圍攻天京之湘軍的總指揮是曾國藩的九弟曾國荃。他見攻不進天京，馬上提出很高的賞金：凡攻殺一個太平軍官吏者，賞銀十兩；攻殺一個太平軍丞相者，賞銀百兩；攻殺一個太平軍「王」者，賞銀千兩……

有人算了一筆賬：至少要預備二萬兩賞銀。否則，空賞比不賞更糟。

曾國荃馬上寫了一封信，派人到安慶總部，向哥哥要四萬兩賞銀。

下屬問道：「大帥連吃一頓像樣的飯都不肯，怎麼可能拿出四萬兩銀子？」

曾國荃回答：「這銀子是我向大帥借的，日後還得還給他。」

下屬又問：「九帥自己身無長錢，哪來四萬兩銀子還賬？」

曾國荃再答：「憑我的一顆腦袋，難道還抵不了四萬兩賞銀嗎？」

下屬一聽，再不說話，徑直到安慶總督府領銀子去了。曾國藩聽這下屬把情況一說，連忙命令藩庫到各個庫房領齊全部軍款，總共只有八萬三千兩之多。他二話不說，要藩庫給曾國荃發賞銀八萬兩。

藩庫哀求道：「大帥，這樣一來，只剩三千兩，我們恐怕支持不了三天啊！」

曾國藩嚴令道：「不等三天，命令你兩天內備齊本軍所需之日常開支四萬兩。兩天內完不成任務，提頭來見！」

藩庫二話沒說，領令去了。不到兩天，果真籌措到了近五萬兩的軍需用款。這五萬兩銀子是他從地方官紳家裡「借」來的，總算保證了軍需款項的正常支出。

曾國荃的湘軍得到八萬兩賞銀的巨大鼓舞，個個奮勇爭先，殺敵拼命。果然是「重賞之下，必有勇夫」，太平天國的首都天京很快就被攻了下來。

5 厚黑雖然「卑鄙」，卻是最有效的武器

人類是感情的動物，通常會同情弱者。因此，在人生的舞臺上，哭是一件最難以抵擋的有力武器。所以說，一定要善用眼淚，裝出一副誠懇的樣子，讓人同情。三國時的蜀主劉備可稱得上是運用眼淚的高手，他的「江山是哭出來的」。從立身行世面厚心黑的角度看，哭的確非常有用。因為哭可以表示後悔，表示委屈，亦可以表示憤怒，只要哭出特色、哭出感情，就可以用哭達到厚黑的目的。

隋末，李淵從太原起兵，按原先擬定的作戰方案，率兵三萬，直赴京城長安。當號令嚴明的大軍沿著汾水進到賈胡堡時，李淵遇到了意想不到的困難：連綿的秋雨，使道路泥濘，軍隊行動不便；軍中糧草不足，援兵也未能如期趕到。更使他猶豫不決的是：前方50里的霍邑，不僅地勢險要，而且隋將宋老生擁有精兵二萬，憑險據守。與此同時，太原也傳來消息，說突厥人有南犯的企圖。於是，李淵下達了大軍回師太原的命令。最先是左路軍奉命連夜拔營。

回師的命令傳到右路軍，右路軍統帥李世民馬上意識到問題的嚴重性。他壓下命令，飛身上馬，連夜趕去面見父親。李世民急匆匆，就要進入李淵的營帳。李淵入睡已多時，士兵們擋住李世民，不讓他進入李淵的臥室。李世民急得如同熱鍋上的螞蟻，不停地在營帳中來回走動。想到逐鹿中原的計畫即將付諸東流，他不禁悲從中來，淚水奪眶而出。他先是小聲啜泣，進而出聲痛哭；越哭越傷心，越想越悲痛，最後索性號啕大哭。

在此，李世民之哭，一方面是有感而發，更重要的是作為一種策略，意圖以哭引起李淵的注意，使他有機會向他說明不可退兵的理由，讓他意識到問題的嚴重性。

果然，李淵被突然而來的哭聲驚醒，走出臥室。一看竟是李世民，他急問：「我兒有什麼傷心之事？怎麼半夜三更，在這裡哭得如此傷心？」

李世民趕快抹去眼淚，回道：「孩兒吵醒父帥，實是不得已！我們不是定好進軍長安，奪取天下的大計嗎？為什麼要中途變卦，突然下令回師太原？」

李淵明白了兒子的來意，便把軍隊遇到的不利處境大概地說了一遍，並解釋道：「我們暫時先回太原，鞏固後方。待解除了後顧之憂，再出兵長安。當今群雄的實力都在我們之下，即使延後出兵西進，也不愁天下不歸我們！」

李世民眼含熱淚，勸道：「父帥啊！兒子聽說，開弓沒有回頭箭！這樣大的行動退回去容易，再出來就難了。用兵之道，講究士氣，氣可鼓不可泄。因此，軍隊只能進而不能退。」

李淵歎道：「爭奪天下之心，我何嘗不迫切！但我們現在有那麼多困難有待克服，退兵也是權宜之計嘛……」

未等父親說完，李世民便急著插口道：「父帥所說的退兵理由，兒以為，並不充分。糧草不足，眼下正是秋熟時節，我們就地採集，何愁沒有糧草？前有勁敵，更不是退兵的理由。兩軍相逢，勇者勝。如果我們連宋老生都不敢打，憑什麼去與群雄爭天下？至於後方穩不穩，全取決於我們前方的戰事進展。如果現在回去，突厥人就會輕視我們。這不但無助於緩解太原的壓力，反而會增加我軍未來的危險性。」

李淵聞言，也認識到自己決策的錯誤。見資親已經回心轉意，李世民趁熱打鐵，說：「兵貴神速。形勢對我們的進軍非常有利，越是勇往直前，越是有成功的機會！太原起兵，打的是弔民伐罪的旗號，出的是仁義之師。這樣的軍隊，進則得人心，退便失人心。將士置身家性命於不顧，跟隨我們起兵，為的是建功立業，光耀門楣。我們只有一往直前，不斷得勝，將士們的願望才可能變為事實。如果我們半途回頭，將士們將會大失所望，難免產生離心力。所以，我們繼續前進，就是顧全了將士們的利益。皮之不存，毛將焉附？再說，我們退兵，宋老生如果乘機追擊，我軍鬥志已懈，難免陷於敗局。因此，對我們來說，進軍是生路、活路，退兵只能是死路、絕路。」

這時，李淵已猛然省悟，不覺脫口：「我誤事了！大軍已依令回師，怎麼辦？」

李世民回道：「左路軍尚未走遠，馬上派人追回。右路軍還沒出發，稍作動員，便可馬上投入攻打霍邑的戰裂。」

李淵點頭：「兒呀，成敗、生死全在此一舉，就這麼做吧！」

隋恭帝義寧元年八月初，李世民督率右路軍，李淵的長子李建成指揮左路軍，一戰攻下霍邑。這是李淵出兵以來取得的第一個重大勝利。從此，他們一路風捲殘雲，直到攻下隋都長安，建立了大唐王朝。

前面所述，李淵的所有顧慮都有其道理。所以，李世民若直來直去。陳述自己的看法，未必能說服他。這時，先聲奪人的「大哭」就發揮了不可替代的作用。因此，厚黑學提醒世人，別吝嗇自己的眼淚，因為它是一種「軟話哄著說」的利器，只要使用得當，就可以取得意想不到的效果。

6 需要就是合法，利用對手的欲望做文章

處於競爭環境之下，需要就是合法，利用對手的欲望大做文章，可以事半功倍。當然，做文章時一定要天衣無縫、合情合理，而且不能違法。

利用對手的欲望做文章，是古來軍事上敵對雙方較量時常常採用的計策。但是，要讓敵人覺察不出自己故意被他利用，需要非常巧妙的布局。

野史中說，遠在三千多年前的商朝射王時代，周文王姬昌是最會使用間諜戰的一個人。正巧，紂王對識別間諜很不精通。這便導致了以後周伐紂成功，取代商朝掌有天下的結局。從某種意義上說，紂王的失敗，就失敗於他不會識別間諜上。

周文王派到殷都朝歌的第一大間諜是他的一個侄兒，名叫姬不露。姬不露武功高強，意志堅定。他準確地意會到紂王的最大弱點是「好色無度」。於是，由姜太公出面，搜羅到絕世無雙的美女蘇獨秀，傳授她妖媚惑主之術，將她改名為妲己，獻給紂王，一步步腐爛紂王的政權。

可以說，妲己是姬昌派到紂王身邊的第二大間諜。

姬昌派到紂王身邊的第三大間諜是一個三料將軍光復和。

光復和原是井方國的先鋒。井方國被周國消滅之後，光復和被抓。姬昌不但沒殺他，反授他殿後將軍一職。光復和感恩於文王的寬厚，自願冒充妲己的舅父，以「俘虜」之身，陪送妲己到了朝歌……紂王不但沒有識破，反而因為光復和是妲己的「舅父」，封他為中帳將軍……光復和先是井方國的「先鋒」將軍，繼而成為周國的「殿後」將軍，眼下又成了紂王的「中帳」將軍，所以被稱作「三料」將軍。

這個三料將軍自從以周國間諜身分當上紂王的「中帳」將軍之後，先是訓練五百名戴罪而來的戰俘，繼而逐步掌握了紂王的許多兵權，最後在周武王姬發「牧野伐紂」時帶領自己的手下「陣前倒戈」，很快就置紂王於死地……

7 為了大局，不能做情感的奴隸

三國時代，曹操東征西討，經營四方，不僅霸業廣大，而且網羅了眾多人才。由於曹操的事業名義上是漢家的事業，他本人也是漢臣，所以，追隨他的有些人才是為了忠於漢朝，挽救漢室之危亡，才與他合作，或說追隨他。

但隨著曹操的力量不斷壯大，他的所作所為日益顯出倒行逆施的面目，這些忠於漢室的人與他的矛盾也就日益明朗、尖銳。以曹操的個性與熱衷於霸業的目的，只要他發現有人不滿他，他是絕不會容忍的，也絕不心慈手軟。在觸及其根本利益的地方，他的原則是：「寧我負人，毋人負我。」意即：順我者昌，逆我者亡。所以，從建安初年始，他便開始了不斷清洗擁漢派的行動。比如，他曾用獻帝的名義殺侍中台崇、尚書馮碩等。

太尉楊彪因一個不以為然的眼色，就被他抓起，下獄論死。靠了孔融憤然抗議，方作罷。楊彪後來為保全身家性命，竟十年閉門不出。但孔融救了楊彪，卻救不了自己；楊彪逃脫了曹操的利刃，他的兒子楊修卻做了曹操刀下之鬼。雖然楊修之死與擁漢事體並無關係，但從曹操甚至楊修本人的心理，不能說沒有這方面的因由。

最可見出曹操之殘酷的，要算是他對大功臣荀彧的處置。

荀彧，無論從地位、聲望、與曹操的關係，和為曹操所做的貢獻上，曹操若稍有寬和之心，都不至於輕踐他。

對曹操的霸業來說，荀彧可謂第一謀士。在逐鹿中原的大戰中，曹操面臨多方面的挑戰：北有袁紹，東有呂布，南有袁術。這三股力量，以袁紹最為強大。究竟先打不好打的強敵，還是先打好打的弱敵，曹操一時舉棋不定。就在這時，自恃兵多將廣，地盤又大的袁紹給曹操寫了一封言辭頗為無禮，態度十分傲慢的信，激怒了曹操，使曹操頓生先向北舉兵剷除袁紹的念頭。

荀彧看過信件後，勸諫道：「袁紹不仁不義，應該起兵討伐。但現在不是時候。」他為曹操分析了敵我雙方的態勢：從兵力上看，袁紹是強敵，呂布是弱敵，應先弱後強，各個擊破；從時機上看，袁紹正忙於遠征公孫瓚，無暇南顧，暫時構不成威脅，而呂布已向曹操挑起痛爭，點燃了進攻劉備的戰火，及時做出軍事上的反應完全必要；從將來選爭發展的趨勢上看，先掃平呂布，才能為同袁紹決戰鋪平道路，避免腹背受敵，兩線作戰。因而他力主先打呂布，不同意去打袁紹。

曹操經過慎重考慮，採納了他的建議。

然而，曹操定下先打呂布的決心後，心中又產生了動搖。他對荀彧說：「我很擔心袁紹侵擾關中，挑動羌、胡叛亂，向南同盤據荊州的劉表勾結，把這些地方納入他的勢力範圍。這樣就會形成我軍以只占六分之一的地盤，去抗衡全國六分之五之地域的局面。這又如何是好？」

荀彧回答：「關中各地將領有十來個，互不統屬，其中以韓遂、馬騰的力量最強。他們見中原地區正在爭戰，必然各自擁兵自保。如果我們撫以恩德，遣使與其聯合，雖不能長邁保持安寧，但在平定中原之前，卻可以把他們穩住。侍中鍾繇很有智謀，可以把關中的事託付給他。這樣，您就可以放心了。」

曹操認為有道理，採納了他的意見，表薦鍾繇以侍中兼司隸校尉，持節督關中諸軍。特許他可以不受有關法令限制，根據實際情況便宜行事。

鍾繇到了長安之後，果然安撫了馬騰、韓遂，安定了關中。

曹操將東征呂布的方案交給大家討論，不少人表示反對。反對者認為，袁紹雖一時無暇南顧，但劉表、張繡還在前面虎視眈眈，如果遠征呂布，他們乘機襲擊許都，後果不堪設想。荀彧力排眾議，宣稱：劉表、張繡剛在安眾被打敗，勢必不敢再動。而呂布驍勇，又仗恃袁術相助，如果讓他縱橫於淮、泗之間，一些豪傑必然起而響應。現在乘他剛剛反叛，眾心不一的時候，前去攻打，必然成功。

荀彧所見，開闊了曹操的眼界，解消了他的種種疑慮，終於下定了東征呂布的決心，並最終消滅了呂布集團。

官渡之戰中，也是荀彧讓曹操在困難中堅持，在堅持中等待滅袁的時機，便曹操不僅把握住了滅袁的機會，而且從天時、地利、人和諸多方面明白怎樣打垮袁紹。曹操不斷出征，荀彧時常貢獻運籌帷幄，決勝千里之奇策。而且，他屢次坐鎮京都，為曹操立下安定後方的大功。

再者，荀彧官居尚書令，按職分，曹操無權制裁。這一點，荀彧與劉曄、賈詡、賈詡等人有所區別。但因他仍忠於漢室，與曹操的根本利益發生了衝突，曹操就不能容忍他的存在了。

曹操對荀彧的反感、厭惡，在建安十七年明確化。他欲封魏國公，加九錫，祕密派董昭去徵求荀彧的意見。荀彧明確表態：「曹公起兵的目的，是為了安定國家，匡扶漢室，對聖上一片赤誠。君子愛人以德，我們不能這樣做。」

曹操得知，自然十分惱火。這件事也許使曹操想起建安九年，荀彧否定他恢復九州的動議。因當時天下為十四州，曹操占冀州，欲撤十四為九，冀州便首先在擴大的考慮中。荀彧當時說，天下未定，人心不穩，不可輕動，免得引出亂子。這好像是為曹操安定天下著想，實際未必不是意在抑制曹操勢力的膨脹。

至此，曹操對荀彧的態度完全變了。

後來，曹操南征孫權，上表請荀彧代表朝廷到南方勞軍。待荀彧到了曹操的駐地譙縣，曹操便把他控制起來。沒過多久，曹操進軍濡須，留荀彧於壽春。某日，曹操派人給荀彧送去一個食品盒。荀彧打開一看，是個空盒。他明白了曹操的意思，當即服藥自殺，死時只有五十歲。

據《獻帝春秋》記載，荀彧與伏后謀算曹操也有牽連。也就是說，荀彧和曹操雖合作，目的卻完全不同。荀彧是指望匡復漢室。曹操起初也是以此號召英雄，後來就完全走向反面了。當他發現荀彧有忠於漢室的傾向，便斷然痛下殺手。

荀彧死，獻帝幾乎絕望，悲痛不可言表，並在士人中也引起巨大的風潮。因為荀彧名重天下，許多人以之為楷模，鍾繇甚至認為他是王道的化身，認為孔門自顏回去世後，能以高尚的德操，不二過、不遷怒的人就只有荀彧了。

曹操越到晚年，越愛殺人。其實，這倒不是他認為謀臣不重要，天下已大定了。相反，他是因自己來日無多，謀臣的力量太大，如果不把那些離心力強的除掉，可能讓後來的繼承人大費手腳。因此，他要替自己的後代清除障礙。

8 給人好處自己也能得便宜

中山國的相國司馬憙曾經很得主君的信任，但情況突然發生了變化。主君的寵姬陰簡不知怎麼的，對他存有偏見，非常憎恨他，常給主君吹枕邊風，說他的壞話。一而再，再而三，主君信以為真，漸漸疏遠了他，並好幾次流露出要更換相國的意思。

俗語說：伴君如伴虎。只要君王覺得某個大臣不大合意，隨便找個岔子，就可以摘掉他的烏紗帽，甚至還可以連腦袋一起搬家。司馬憙過著這種擔驚受怕的日子，時時刻刻如履薄冰。

如何擺脫困境呢？解鈴還須繫鈴人。司馬憙想，自己和陰簡並無利害衝突，應該是可以消除誤解的，但需想個謀略才行。

當時，中山國主君尚未立后，幾個寵姬已展開了激烈的競爭。只要能幫助陰姬在這場競爭中獲勢，必定能前怨頓消。

主君之所以一直在幾個寵姬中左右搖擺，不知立哪個為好，一方面是因為這幾個寵姬都很討他的歡心，另一方面是因為每個寵姬背後都有一幫大臣在出謀劃策。司馬熹原先並不願介入這種宮廷之爭，此時既做出了幫助陰簡的決定，立即顯示出技高一籌的本領。

司馬熹乘著出訪趙國的機會，開始實施自己的計畫。他對趙王說：「聽說貴國美女很多。可說老實話，我這幾天所見的，沒有一個能和我國的王妃陰簡相比。她那相貌之美，人品之好，仙女一般，真是比花花失色、比月月無光。她的眼、鼻子、臉蛋、頭形、天庭無不精美之至，完全像一個帝王之后的儀態，決非一般的諸侯妃姬啊！」

趙王聽罷，立即喜形於色，表示要將這位美人弄到手。

司馬熹欲擒故縱地說：「只怕我國主君不肯捨棄啊！」

趙王卻是傲然一笑。

司馬熹回到國內，添油加醋地報告說，趙王是如何好色，如何在暗中想將陰簡據為己有。中山國主君聽了，十分惱怒。

過了幾天，趙國的使者果然來到，要求將陰簡送給趙王享用，否則就刀兵相見。中山國主君哪裡肯依。可趙國是個大國，如不滿足它的要求，就可能有滅國亡家的危險。主君愁眉不展，大臣們也慌了手腳。這時，司馬熹登場了。他對主君說：「趙國，我們是得罪不起的。趙王來要陰簡，我們不給就會亡國，給了呢，又一定遭人恥笑。別人會說，主君，連自己的寵姬都讓人霸佔了，還成什麼國家！不過，我倒有一個兩全之策。」

「快說！」主君像抓住了一根救命稻草。

「君上只要冊封陰簡為后就可以了。從來沒有誰敢要別國的王后為妻的，因為那樣做會遭人唾罵。這樣既絕了趙王的邪念，又使他失去了刀兵相加的理由。」司馬熹不緊不慢地分析著。

「說得有理，就這麼辦了！」國王轉憂為喜。

陰簡順利地登上了王后的寶座。她對出了大力的司馬熹自然是感恩戴德。

就這樣，司馬熹略施厚黑小計，就扭轉了自己仕途上的危機，並使自己在中山國的地位更加鞏固了。

9 不是每面大旗都能拉作虎皮

「拉大旗作虎皮」固然不錯，然而，「不是每面大旗都能拉作虎皮！」這是因為有些「虎皮」只會顯出兇殘與歹毒，拉來作大旗，只能生出惡果。

最典型的歷史事件，就是明朝大奸宦魏忠賢的東廠事件。

魏忠賢是個什麼樣的人呢？他本名魏啟貴，河北肅寧人。年輕時一味好賭，又常常輸多贏少，欠下很多賭債。債還不清，乃自閹生殖器，改名李世忠，於神宗萬曆年間進皇宮當了太監。後被皇上賜姓魏，名忠賢，從此才有了魏忠賢這個名字。

起初魏忠賢並沒有得到重用。其後，他與神宗朱翊鈞的孫子朱由校的乳娘客氏私通。待朱由校繼位，是為熹宗，他及姘婦客氏才大得寵幸。魏忠賢成了太監總管，掌管東廠事宜。東廠是明朝專設的機構，由宦官統領，權勢與錦衣衛相若，專門緝訪查辦對朝廷不滿的言行，實際上就是特務，是皇帝忠實的鷹犬。

魏忠賢掌管了特務機關東廠之後，殘害忠良，扼殺黎庶，整個明朝幾乎成了一座大煉獄。朝廷的忠臣楊璉、左光斗等忠臣，有不少被他殘害至死；黎民百姓更是苦不堪言。當時有一首俚諺唱道：「魏忠賢，死不賢；東廠壞，殺人賣；全國一爐火，躲都沒處躲；放火大屠夫，殺人不殺豬；名曰魏忠賢，天下第一奸……」

可以想見，魏忠賢已經成了世人皆曰可殺的大惡魔。他除了兇殘、惡毒，沒有任何人性可談。當時只要提到魏忠賢，沒有人不咬牙切齒，恨不得將他生吞活剝。

可偏偏還有人想拉起魏忠賢這面「大旗」來作虎皮。

魏忠賢的姊姊嫁給一個姓傅的為妻，他的外甥當然姓傅。這嫡親外甥已被他弄到皇宮裡當了一個只拿官薪不幹事的閑官。其他那些姓傅的人便都借著魏忠賢的這面「大旗」，掛出「傅氏車馬行」、「傅氏南貨店」等等牌子，還公開宣講「傅氏」就是東廠提督魏公公的外甥大族，要背靠魏公公這棵撐天大樹乘乘涼。這明顯是拿魏忠賢的「大旗」作「虎皮」了。

可是，不出半年，所有這些「傅氏車馬行」、「傅氏南貨店」老闆就全都莫名其妙地被殺了；連他們未成年的子女都一無倖免，全部突然失蹤，再也不知去向。

明眼人誰不明白，這些個拉著「魏公公大旗」作虎皮的人，都已被憤怒的黎庶們暗暗收拾了。可見，像「魏忠賢」這樣的奸惡「大旗」是作不得虎皮的。

回過頭來，我們便可發現一條真理：以後見到什麼「虎皮」時，千萬看清楚了：它是不是拉「大旗」作成的？如果是，那我們可要提防再提防了。

10 臉譜固然可愛，但過於呆板

形象與外表給人的第一印象若是好得不得了，能夠讓一個人在社會中處於絕對的優勢。因此，如果具有堂堂的儀表，對所從事的工作肯定有很大的輔助作用。演員、公關等行業更是如此。誰都喜歡與外貌俊美的人交往、共事。

多修飾自己的衣著、容貌和神態，塑造個人的形象，是贏得周圍眾人好感的重要條件之一。一個人的表情反映著他內在的氣質。因此，有人把相貌稱作「個人價值的外觀」，確不無道理。

相貌是天生的，但後天的修養和追求，可以在某種程度上讓人「改頭換面」。美國總統林肯的朋友向他推薦某個議員人選時，林肯想了一下說：「可是，我不喜歡他那副長相。」

這個朋友聽了，感到十分驚訝，他說：「您未免對他要求得太嚴苛了！他並不能為自己天生的臉孔負責呀！」

不料，林肯還是很認真地說：「不！一個人過了四十歲，就應該對自己的臉孔負責了。」林肯的意思是說：一個人的氣質、成就和修養會在相貌中表露無遺。

也許看相之類的行為很落伍，但還是有無數例子可以證明，「以貌取人」確有某些合理的因素。在中國戲劇舞臺上，忠奸賢佞、善惡良邪都有一定的臉譜。雖然「臉譜化」並不科學，它卻積聚著自古以來對人的情感判斷和審美經驗。

基本上，每個人都要隨時自我檢驗，讓自己的形象更為他人所讚賞。擁有傲人之外表的幸運兒更要不斷修養和進取，使自己展現更高尚的氣質。

在托爾斯泰的小說《復活》中，瑪斯洛娃相貌的變化就是一個很好的例子。當她是個純情的姑娘，容貌秀麗甜美。可是，一旦淪落為罪人，雖然她是受害者，外貌卻變得臃腫俗氣。最後當她獲得新生，又變得比以往更有魅力。

從瑪斯洛娃身上，我們完全可以看到一個人的容貌是可以改變的事實。豈不見，有的人雖然空有令人羨慕的外表，卻可能因為缺乏實質的內涵，而變得俗不可耐。

我們並不需要為自己天生的缺陷而自卑，因為一旦有了精神上的追求和人格的修養，就可以自然而然彌補相貌上的弱點。

林肯的外表並不迷人。這點連他自己也承認。在美國總統的競選過程中，侯選人的外表確實是贏得民心的一個重要條件。林肯競選期間，曾收到一封很有趣的信。

親愛的先生：

我是一個十一歲的小女孩，非常希望您能當選美國總統，因此請您不要見怪我寫這封信給您。

如果您有和我一樣大的女兒，就請您代我向她們問好。要是您不能給我回信，就請她們回信給我吧！我有四個哥哥，他們當中已經有兩個人決定把票投給您。可是，如果您能把鬍子留起來，我就能讓另外兩個哥哥也支持您。您的臉實在太瘦了，留起鬍子來，肯定會更好看。所有女人都喜歡留鬍子的男人，那時她們也會催促她們的丈夫投您的票，您一定會順利地當選總統。

格雷西敬上

這位十一歲的小女孩真是個天生的心理學家，她掌握了一些選民對總統候選人相貌的評價，提出一個改變林肯形象的主意。林肯也接受了她的建議，蓄了鬍子，果然讓他看起來更有總統的威嚴。

11 寬厚待人，才能得人

「寬厚以待人」，用得好，可坐收百萬雄兵，增強自己的威望。用得不好，最慘的情況是落得身首異處。

推功攬過，揚人之長，責己之咎，是劉備能夠籠絡人心，使將士為他誓死效命的重要原因之一。關羽雖有將才，卻傲氣凌人，惟能俯首事奉劉備始終。下邳兵敗，暫歸曹操，曹操待以「上馬金、下馬銀」之厚，終究未能買動其心。張飛生性魯莽，暴躁如火，在劉備面前卻能俯首帖耳，惟命是聽。這種親密關係，絕不是單憑桃園結義之舉便可維持終生。根本原因還在於劉備始終能夠發現並讚揚他們的長處，從而使關羽的自尊自負得到滿足，使張飛的豪氣得到舒展。

劉備這種「寬厚以待人」的風度，在他歷次危難之際，體現得尤為充分。當初，曹操與袁紹官渡、倉亭之戰剛結束，劉備曾率數萬人進攻許昌，結果打得大敗。劉備領殘兵千人逃至漢江沿岸，處境十分狼狽。這時，他對身邊將士感歎地說：「諸君皆有王佐之才，不幸跟隨劉備。備之命窘，累及諸君。今身無立錐，誠恐有誤諸君。君等何不棄備而投明主，以取功名乎？」

諸將聞聽此言，都悲痛落淚。將心比心，主公既為眾人考慮，眾人也要為主公考慮。這樣，即使有些怨氣，也頓然消釋了，甚至進而轉化成一種凝聚力，轉化成同仇敵愾之激情。

身為統帥，不一定要事必躬親，主要是把握大方向，善於調理各將的關係，使手下眾將充分發揮自己的積極性和才能，揚長避短。這正是劉備成功的用人之道。

得人心者，得天下。一時遭挫，也必然能反敗為勝。行厚黑者有時要幹幾件得人心的事，才能得到支持，從而達到自己的最終目的。這就是厚黑大智慧。

12 把寬大的基礎打好，才有頂尖的輝煌

待人不可有高低貴賤的區別。尤其是一個集團的管理者，更要如此。俗話說：「水能載舟，亦能覆舟！」講的就是要公平、公正地對待屬民，取其心，順其志。

孔子有一句至理名言，叫「有教無類」。這話出自《論語．衛靈公》，意思是：不論對哪一類人，都應當施予教育。

孔夫子有「賢人七十二」，這「七十二個賢人」即是他的「三千名」弟子之中的佼佼者。

這顯示的是「金字塔效應」。

「金字塔」本是指古代埃及之王墓，以石築成，底面四方形，廣而大，側面作三角形，愈上愈尖，遠望如「金」字，故名「金字塔」。建築學上，這不一定是普遍採用的建築方法；用到治眾馭屬，卻是普遍現象。一句話：你不能要求每個人都拔尖。每人都「拔了尖」，也就沒有了「尖」。關鍵是你的底盤要鋪得厚實、寬大、穩妥，然後在那厚實、寬大、穩妥的基礎之上，才可能冒出拔尖的人物來。這種普遍的社會

現象，值得每一個欲在社會上立身行世的人重視，並有意識地實行之。

從最廣大的「國家」意義上說，重要的不在頂部的王權，卻在於底下最廣大的黎庶大眾百姓。

「貞觀之治」，史上揚名。「貞觀」是唐太宗的年號。唐朝是從殘暴歹毒的隋煬帝楊廣手中接過國家政權。當時，隋煬帝倒行逆施，廣施勞役，欺壓百姓，百姓怨聲載道，遂在各處起義造反，此起彼伏。李世民即位，實行了完全相反的政策，「與民休養生息」，於是國家大治，百姓安居樂業，逐漸富足起來，終成「貞觀之治」。

唐朝人吳兢編著了一本書，叫《貞觀政要》，凡十類，採《太宗實錄》中唐太宗與群臣的問答之詞，分四十門（單元）專題敘述，被譽為帝王御民術的經典之作。書中開篇就轉述唐太宗的話：「為君之道，必須先存百姓。若損百姓奉其身，猶割股以啖腹，腹飽而三斃。」

這確實是至理名言，意即：百姓是國之基石，必須百般呵護，使之安康。如此，國家才能鞏固。

〈全書終〉

國家圖書館出版品預行編目資料

厚黑學法則／林郁 主編／初版，新北市，
新視野 New Vision，2020.07
面；　公分 --
ISBN 978-986-98808-7-9（平裝）
1.應用心理學 2.成功法

177　　109005630

厚黑學法則
林郁　主編

主　　編　林郁
企　　劃　林郁工作室
出　　版　新視野 New Vision
責　　編　千古春秋・林芸
電話 02-8666-5711
傳真 02-8666-5833
E-mail：service@xcsbook.com.tw

印前作業　東豪印刷事業有限公司
印刷作業　福霖印刷有限公司

總 經 銷　聯合發行股份有限公司
新北市新店區寶橋路 235 巷 6 弄 6 號 2F
電話 02-2917-8022
傳真 02-2915-6275

初版一刷　2020 年 07 月